汉语国际教育专业规划教材

跨文化交际概论

张世涛 徐霄鹰 编著

北京大学出版社
PEKING UNIVERSITY PRESS

图书在版编目 (CIP) 数据

跨文化交际概论 / 张世涛，徐霄鹰编著 . — 北京：北京大学出版社，2020.9
汉语国际教育专业规划教材
ISBN 978-7-301-31593-4

Ⅰ. ①跨… Ⅱ. ①张… ②徐… Ⅲ. ①文化交流 – 概论 – 教材 Ⅳ. ① G115

中国版本图书馆 CIP 数据核字 (2020) 第 166423 号

书　　　名	跨文化交际概论 KUA WENHUA JIAOJI GAILUN
著作责任者	张世涛　徐霄鹰　编著
责 任 编 辑	邓晓霞
标 准 书 号	ISBN 978-7-301-31593-4
出 版 发 行	北京大学出版社
地　　　址	北京市海淀区成府路 205 号　100871
网　　　址	http://www.pup.cn　　新浪微博：@ 北京大学出版社
电 子 信 箱	zpup@ pup.cn
电　　　话	邮购部 010-62752015　发行部 010-62750672 编辑部 010-62753334
印 刷 者	三河市北燕印装有限公司
经 销 者	新华书店 650 毫米 ×980 毫米　16 开本　14.75 印张　211 千字 2020 年 9 月第 1 版　2023 年 12 月第 4 次印刷
定　　　价	48.00 元

未经许可，不得以任何方式复制或抄袭本书之部分或全部内容。
版权所有，侵权必究
举报电话：010-62752024　电子信箱：fd@pup.pku.edu.cn
图书如有印装质量问题，请与出版部联系，电话：010-62756370

序

  跨文化交际学作为一个学科已经有将近半个世纪的历史,最早它是作为传播学的一个分支被人们研究和讨论的。1959年,爱德华·霍尔《无声的语言》(The Silent Language)一书出版。这本书被认为是跨文化交际学的奠基之作,跨文化交际学这一独立学科也正式诞生。

  跨文化交际学注定不是一门象牙塔里的学问,它关注不同文化的现实交往。从学术上来说,它对人类不同地域、民族、国家间文化差异的关注方式受到人类学的影响,研究者通常会精细地观察和记录人群的行为模式和心理模式,这种模式其实就是这群人的文化模式。观察和记录之后就是解读和分析,这是人类学的研究方法。因为文化模式反映了人群独特的生活方式、思维方式、价值观和信仰。人类学研究人类文化模式,是为探究人类文化的起源、发展、演变,进而发现人类文化的性质及演变规律。跨文化交际学同样观察、记录、解读、分析人群的文化模式,但它将关注的重点放在了一种文化模式与另一种文化模式相遇后的反应和结果,也就是对不同文化相遇后情形的关注。因为不同文化的相遇不都是惊喜和愉悦,反而时常伴随着惊愕、疑惑、厌恶,乃至愤怒、敌视,而且这种反应通常都比较激烈,美国人类学家奥博格把这种反应叫做"文化休克"。"文化休克"是不同文化相遇的常态,这种反应最直接的后果可能就是文化冲突。文化冲突更多时候是以心理冲突的形式出现的,简单地说,就是人们依据不同的文化标准,对某一问题的评价或应对出现了差异,这种差异可以消除,也可能冲突加大导致双方交际的失败。人类生存和渴望安全的本能总是希望化解冲突,人类文明更提出了不同文化和平共处、携手并进的要求。因此,了解冲突缘何而起、探究冲突如何化解就成了跨文化交际学的任务。人类心理的复杂和文化模式的多样性注定了跨文化交际学与人类学、社会学、心理学、语言学、传播学等众多学科的密切关系，注定了它的多学科性质。

《文化模式》与《菊与刀》的作者，美国著名人类学家鲁思·本尼迪克特（Ruth Benedict）在第二次世界大战临结束时，受美国政府之托撰写了一份分析、研究日本文化和国民性报告，旨在指导美国政府如何管制战败后的日本。这份报告对指导美国政府制订和实施战后对日本的政策提供了大量实质性的帮助。美国的战后日本政策在实施当中，日本国民的反应与报告的"假设"惊人地相似，从而帮助美国对日政策得以成功实施，报告因此被认为是社会科学研究直接运用于政治实际操作的杰出例证。后来这个报告被编辑成《菊与刀》一书，被学界认为是一本反映日本文化与日本民族性格的经典著作。虽然有不同的意见，但很多日本学者也认为该书对日本民族的性格分析让日本人更清楚地看清了自己。

鲁思·本尼迪克特提出，日本的军事问题也就是日本的文化问题，日本人在战时的表现也就是日本文化中行为与思维方式的表现。她的著名论断"文化是人格的典章性扩大"颇有跨文化交际学的意义。"典章"即"规范"和"礼仪"，其实就是群体特有的，且必须共同遵循的文化。文化是一个群体共有的行为方式和价值观，是群体中每个人行为的"语法"。鲁思·本尼迪克特还认为人类的行为都是从日常生活中学来的，"每种文化至少可以归纳出一种与之相对应的主导人格类型，各种不同文化都可以划分出相应的人格心理学类型，我们可以通过不同文化人格的对比研究来探讨文化的差异"。这其实非常清楚地指出了文化是一个民族的"共同人格"，而这个"共同人格"自然会在这个民族的每一个个体身上反映出来。也就是心理人类学主要创始人许烺光教授在《彻底个人主义的省思》中说的："一个人的行为，尽管远远看去有无限的复杂性，但都有一个共同的线索与明晰的设计。在理解其设计及其分布之后，我们将会发现其截然不同的各个要素可以被毋庸置疑的网结联系起来，并且发现看起来矛盾的活动原来是同一亚结构的显现。"

21世纪,人类交往沟通的频繁程度超过了此前任何一个时期,全球化成为主流,和平发展成为主流,中国倡导的"和谐世界""构建人类命运共同体"指明了人类发展的方向。但可惜的是,人类文明的高度发展并没有消除文化差异带来的冲突,相反,这种文化的冲突有时候会激烈到让人叹息。例如2020年新型冠状病毒肺炎在全球流行,面对来势汹汹的疫情,各国采取不同的应对措施,这本来也无可厚非,因为这是人类面临的从未有过的新挑战。但可惜的是,这些不同的应对措施变成一些国家民众间的嘲讽和谩骂,变成一些国家政府间的诋毁和攻击,变成大国地缘政治的一部分。从跨文化交际的角度看,我们更愿意将这种冲突归结为文化冲突,归结为不同文明间相互了解的不足。我们要做的,就是互相尊重,加强合作,增进了解,如中国国家主席习近平所指出的那样,坚定不移践行多边主义,秉持包容精神,摒弃过时的冷战思维,"就可以实现文明和谐"。

大约两年前,北京大学出版社要编辑出版一套面向汉语国际教育专业本科生的"汉语国际教育专业规划教材",邀请我们参加《跨文化交际概论》一书的编写。虽然我们多年从事汉语国际教育本科和硕士研究生的"跨文化交际课"教学,也都有在国外长期生活的经历,但对于编写这样一本教材还是觉得压力很大,因为教材的对象、目的、内容都与平时的教学有所不同。接到邀请后,北大出版社的邓晓霞编辑跟我们详细地介绍了教材的性质、对象、目标、形式,给予我们很多具体的指导,我们也参加了出版社召开的编写研讨会,听取了陆俭明先生和其他专家的指导,对教材的编写形成了一些看法,这些看法对随后的教材编写产生了一定的影响,也得到一定程度的体现。主要有以下四点:

1. 语言通俗,内容全面。作为一本本科教材而不是纯粹的学术著作,我们没有刻意追求艰深的理论问题和佶屈的语言,而是用通俗易懂的语言讲授跨文化交际学的理论和主要内容,全面介绍跨文化交际学的各个方面,让学生对这一门学科有完整的把握,了解跨文化交际与语言文化教学的关系；同时，也注意将跨文化交际学的发展和学术脉络向学生清楚地展示出来。

  2. 跨文化交际理论与具体真实案例紧密结合。身临其境的真实是这部教材的特点，长期跨文化交际的亲身经历和教学实践使得我们可以比较熟练地将跨文化交际理论放在真实的跨文化交际环境中进行讨论。每介绍到一个跨文化交际的理论，我们眼前就会涌现出众多真实的案例。以我们学校孔子学院汉语教师志愿者真实案例建立的案例库，更是我们写作的"源头活水"。本教材在编写中一直尝试将学生置身于一个真实的跨文化交际环境之中，体会文化交际参与者的心理感受。每章中以实际的跨文化交际"难题"为内容的"热身"以及随后对这些难题的分析解说，将理论与真实案例紧密结合，有的放矢，不空谈理论。

  3. 培养学生树立科学正确的跨文化交际意识。汉语国际教育专业的学生担负向世界介绍和推广中国语言文化的责任，他们今后的工作环境和教学对象是"国际化"的，公平、客观、包容、友善的跨文化交际意识是他们完成使命的基本保证。因此，本教材把正确观念意识的树立放在非常重要的位置，我们希望培养的是一个能向世界讲好中国故事的"中国好老师"，是一个友善的、受人尊敬和喜爱的当代中国青年。

  4. 知识的掌握和技能的培养有机结合。我们对教材的使用者做了深入的分析，我们希望他们成为优秀的国际汉语教师，掌握跨文化交际的技能，掌握在跨文化交际环境中的语言、文化教学技能。我们也十分明白他们走上这条路时将遇到的挑战。因此，教材在结构体例安排上十分重视将知识的掌握和技能的培养有机结合起来。教材的思考和练习都试图将知识具体化、形式化。每章最后的"跨文化案例分析"在形式上更与汉语教师志愿者选拔面试及《国际汉语教师证书》考试高度一致，对训练学生应对今后的考试有所帮助。

  尽管现在国际上单边主义升温，逆全球化思潮抬头，但我们相信全球化是人类历史发展的方向，各种文化的交流互动不可阻挡。在全球化过程中，跨文化交际学理论和知识会不断提醒我们要尊重不同的文化，要正确、客观、公正地看待自己的文化和别人的文化，"美美与共""和而不同"。我们最想跟汉语国际教育专业的学生和每个有志于参与国际交往的人说的就是这种理念，我们最想在教材中表达的也是如此。我们想完整、准确、科学地介绍跨文化交际学知识，呈现给大家一部优秀的教材。但我们也清楚地知道，由于理论知识的欠缺和实践能力的不足，教材中一定存在许多错漏和不妥之处，请专家读者批评指正，我们虚心接受。书中的有些观点和表述是我们的个人看法，如有错误，文责自负。

我们特别感谢北京大学出版社邓晓霞编辑为这部教材所做的无私奉献。邓编辑从始至终参与教材的编写工作，在内容、结构、体例等方面都给我们提出了具体的意见。在审校阶段，她更是付出巨大艰辛，认真仔细，不厌其烦地订正每一处错漏，专业精神令人敬佩。

我们也要特别感谢我们从前的学生和同事，现任教于成都中医药大学的谢爽老师。她本人就是从一名国际汉语教学专业硕士生成长为具有突出的跨文化交际能力的汉语教师的案例，她结合个人经验和学科知识，为本书的练习部分选择代表性案例，并撰写深入、到位的分析。在此，深表谢意。

张世涛　徐霄鹰
2020年7月6日于广州中山大学

Contents

目录

第一章　什么是跨文化交际 …………………………………………… 1
　第一节　跨文化交际的性质和作用 ………………………………… 3
　第二节　跨文化交际的主要研究内容、方法和目的 ……………… 10

第二章　文化和多元文化 ……………………………………………… 15
　第一节　"一方水土一方人"——文化和文化的独特性 ………… 17
　第二节　"海纳百川"——多元文化的时代 ……………………… 25
　第三节　"文明"和"文化"——文化的相对性和普遍性 ……… 31

第三章　认识文化——群己关系 ……………………………………… 35
　第一节　"我是谁"——身份认同 ………………………………… 37
　第二节　"我和我们"——个人和集体 …………………………… 46
　第三节　自己人和别人——关系与规则 …………………………… 53

第四章　认识文化——平等与性别 …………………………………… 57
　第一节　"你知道我是谁吗"——理解平等与不平等 …………… 59
　第二节　"他"和"她"——理解性别平等 ……………………… 66

第五章　在时间的长河里——人与时空的关系 ……………………… 75

第六章　交际和文化 …………………………………………………… 97
　第一节　交际 ………………………………………………………… 100
　第二节　交际的基本要素 …………………………………………… 100
　第三节　交际和文化 ………………………………………………… 103

第七章　言语交际和非言语交际 ……………………………………… 109
第一节　"语言是沟通的桥梁"——语言和文化 ………… 111
第二节　"不言而喻"——言语交际的规则 ……………… 117
第三节　"说不出来的文化"——非言语交际和文化 …… 122

第八章　文化碰撞 …………………………………………………… 139
第一节　"非我族类，其心必异"——文化碰撞的产生 …… 141
第二节　"人同此心，情同此理"：在国际汉语教育的情景中理解和化解文化碰撞 ……………………………… 153

第九章　文化适应 …………………………………………………… 187
第一节　"人在他乡"——文化休克和文化适应 ………… 189
第二节　"入乡随俗"——跨文化适应的态度和方法 …… 202

第十章　跨文化交际和文化自信 ……………………………………… 209
第一节　我是中国人——中华文化 ………………………… 211
第二节　中国和世界——跨文化交流和中华文化的传播 … 216

参考文献 ……………………………………………………………… 223

第一章

什么是跨文化交际

第一节　跨文化交际的性质和作用

一、什么是跨文化交际

"跨文化交际",也叫"跨文化交流""跨文化传播",顾名思义就是跨越不同文化的交际/交流/传播,它可以是不同民族人士之间的交际,也可以是一个民族内不同文化背景人士的交际。跨文化交际的英语有两个说法,一个是"Cross Cultural Communication",另一个是"Intercultural Communication"。国外学者一般对二者不加区分,也有少数学者,如威廉·古迪孔斯特(William B. Gudykunst)和金荣渊(Young Yun Kim)认为Intercultural 强调"文化比较",而 Cross Cultural 强调"跨文化交往"。国内学者胡文仲曾提到,早期有人称 Cross Cultural Communication,但现在多用 Intercultural Communication。理论上说跨文化交际关注的是不同文化间的交际,但实际上我们讨论的跨文化交际更多的是指发生在两个国家(民族)人士之间的交际,也就是两个语言和文化背景存在差异人士之间的交际。虽然有的时候同一个民族也可以分成不同的国家,如朝鲜和韩国,但是即使同一个民族,也同样存在文化的差异,如中国的南方和北方、东部和西部等。如孔子学院在海外进行的语言文化推广,所接触、面对的都是典型的跨文化交际环境,所遇到的问题也大都是跨文化交际的问题。对跨文化交际中存在的问题进行研究,并探索如何提高跨文化交际能力的学问就是跨文化交际学。跨文化交际学与文化人类学、社会心理学、社会语言学和传播学的关系最为密切,已成为一门受到国际众多学科研究者都非常重视的前沿性综合学科。

思考

> 小周和小陈是大学同学,同住一间宿舍,但是他俩生活习惯很不一样。小周常常说:"我们俩文化不同。"小陈却很不认同,他说:"我们都是中国人,文化是相同的。"

请回答:
1. 什么是跨文化交际?
2. 跨文化交际一定是发生在两个国家(民族)人士之间的交际吗?

二、跨文化交际的历史和现在

跨文化交际的历史与人类历史几乎同样悠久。交往是人类的本能和生存的需要,这种交往在人类的历史上一刻也没有停止。正是由于不同文化间的交往,互通有无,人类文明才有了今天的成就。以开辟于汉武帝时期的丝绸之路为例,这条东起中国古都长安、西到罗马的通衢大道是东西贸易大道,更是人类文化交流的大道。在两千多年的时间里,这条大道把古代中华文化、印度文化、波斯文化、阿拉伯文化和古希腊、古罗马文化连接起来,沿着这条通道以及海上丝绸之路等交流渠道,各国人民互通有无,交流生产生活技艺和艺术。中国的丝绸、铁器、打井技术、造纸术、印刷术和火药等传到西方各国。而西方(包括印度)的数学、医药、乐器、天文学、佛学等传入中国。人类因为有了这么一条文化交流的大道而创造了更加发达灿烂的文明。

近现代以来,西方文化对世界文明贡献很多,但是,西方人的"知识爆炸的时代"却是由阿拉伯人翻译希腊天文学家托勒密的《天文学大成》而引起。这部在公元140年前后以希腊文撰写,后来又在欧洲失传的伟大著作,在9世纪由阿拉伯学者翻译成阿拉伯文,12世纪由西班牙人又将其翻译成西班牙文,西方人才重新认识托勒密的宇宙观,哥白尼、伽利略才有了批判的对象,牛顿最后才能发现万有引力,由此可见交流的重要。

　　西方有句谚语来描述西方中世纪的科学,"中国人的头,阿拉伯人的口,法兰克人的手"。意思大概是说,中国人充满智慧的创造和想象形成了领先世界的科技成就;阿拉伯人在东西方文化交流中起了桥梁作用,他们将中国人的创造很好地传播出去;而欧洲人善于吸收和借鉴,将中国古代的科技成就发挥运用,从而形成了西方近代科学。这里特别要说的是"阿拉伯人的口"。阿拉伯人对人类文化的传播功不可没。如我们今天使用的阿拉伯数字1、2、3、4、5、6、7、8、9、0,是国际通用符号。这组符号其实最初是由古印度人发明的,后来经由阿拉伯人传向欧洲,人们才习惯地称其为"阿拉伯数字"。可以说,没有跨文化交际就没有今天人类的文明。

　　近代以来,随着交通和通信技术的发展,人类交往的范围和频率明显加大,人员货物往来变得更加频繁,思想文化间的相互影响也日趋活跃,经济、文化、思想往往不再是孤立地发生于某国某地,而是很容易形成一个世界性的潮流。不管是科技、文化、艺术方面,还是政治、经济方面,世界性的潮流一个接一个。20世纪以来,人类的科学技术有了突破性的发展,互联网和通信技术的发展,使得地球任何一点的信息都可以瞬间传到地球的另一点乃至整个地球,普通人都可以随时、随地、随意地与地球另一端的人实时联系,用视频、音频聊天互动。而现代高速交通运输工具的发展,让"千里江陵一日还"都显得迟缓。信息和人员的交往空前频繁,以往的世界格局和人类生活方式被彻底改变。人类社会进入了互联网、物联网时代,全球化的世界已经到来,地球上不同国家、民族之间的时空距离被拉近,世界变成了一个小小的"地球村"。

思考

1. 如果人类各个民族、各个国家之间完全没有交流,今天的世界会是什么样的?

2. 为什么说各文化之间的相互交流才成就了人类的文明发展?
3. 在当今世界,文化交流呈现出哪些跟以往不同的特点?
4. 人类现在可以拒绝文化之间的相互交流吗?

三、跨文化交际的作用

全球化的进程加速国家、民族间政治、经济、文化、科技等方面的交往,带来的利益有目共睹,但交往也可能加剧彼此间的摩擦和冲突。这就是世界上既有支持全球化的力量,如很多国家参与支持WTO、欧洲一体化的建立;也有反对全球化的力量,如反WTO运动、英国的脱欧,乃至美国政府带有浓厚贸易保护主义和反全球化的"美国优先"策略。但是,各国间交往和沟通的密切程度已经达到空前高度,对话、谈判、协商、讨论是国际间互动的常态,如欧盟、G20、中非论坛、上海合作组织;哪怕是矛盾极其对立的双方也需要交往互动,如美朝、印巴、巴以的接触对话。唯有交往,才能解决问题,这是国际的共识。

跨文化交际的重要性愈发显现的原因之一是现代通信和交通科技的发展拉近了人们之间的时空距离。但是,不同的文化、不同的价值观却不是那么容易跨越,如果没有跨文化交际理论和知识的帮助,这种高速、高频的交流互动很容易带来文化冲突的增加,导致可怕的后果。这就好像冰球、橄榄球、击剑、足球运动员需要穿戴保护装备一样,如果没有这些头盔、护膝,运动员就可能在高速的对抗中受伤。这些装备很好地保护了双方运动员的身体,并保证运动可以顺利地进行。跨文化交际理论和知识就如同这些保护装备,可以保证跨文化交际的双方不会受到伤害。不同的是,跨文化交际理论和知识并不是把自己封闭在壳子里,而是敞开胸怀,力求拉近不同文化者之间的心理距离,展示自己并了解对方的文化特点、价值取向、思维方式、交际礼仪、社会规范、语用规则,减少跨文化交际的障碍,为人类的文明进步和社会发展创造良好的条件。

思考

1. 跨文化交际理论和知识对人类交往互动的作用是什么?
2. 设想一下,如果无视跨文化交际理论和知识,人类在相互交往时会发生什么?

四、跨文化交际学的产生及中国的跨文化交际研究

很早就有人关注跨文化交际的研究,两千多年前的司马迁在《史记》中就非常关注不同文化的差异,并对这种差异做了详细的记录。《史记》的《西南夷列传》《匈奴列传》《东越列传》《南越列传》《朝鲜列传》《大宛列传》用大量篇幅描写各民族的文化差异和文化特点。如《匈奴列传》就对匈奴自然环境、生活方式、语言文字、民族性格、婚丧礼仪、法律制度、价值观念进行详细描写,并将这种差异与汉族文化进行对比。如描写匈奴民族个性特点的"儿能骑羊,引弓射鸟鼠;少长则射狐兔,用为食。士力能弯弓,尽为甲骑,其俗,宽则随畜,因射猎禽兽为生业,急则人习战攻以侵伐,其天性也""利则进,不利则退,不羞遁走。苟利所在,不知礼义""贵壮健,贱老弱"。

唐朝著名佛学家、翻译家玄奘法师的《大唐西域记》,描写的地域包括我国新疆到伊朗、地中海东岸的广大地区,包含印度半岛、斯里兰卡,今中亚细亚南部、阿富汗东北部、印度支那半岛和印度尼西亚。在这部内容极其丰富的著作中,玄奘法师详尽地考察各地的山川水文、气候物产及风俗人情等,所谓"访道远游,请益之隙,存记风土",为考察不同文化的交往留下了非常宝贵的财富。

用现代方法系统地研究跨文化交际的第一人是美国学者爱德华·霍尔(Edward T. Hall),20世纪50年代,爱德华·霍尔在美国外派人员培训学院(FSI)工作时第一次使用并提出了"跨文化交际"(Intercultural Communication)的概念。1959年,爱德华·霍尔的《无声的语言》(The

Silent Language)出版,被认为是跨文化交际学的奠基之作。在这部书里,爱德华·霍尔按知觉程度把文化分成显形、隐形和技术性三个层次,又按内部构造把文化分为元素、集合和模式,提出"文化就是交流"的观点。《无声的语言》的出版被视为跨文化交际学这一独立学科产生的标志。

美国是个移民国家,号称文化熔炉,不同文化共冶一炉,交流碰撞是社会常态。来自世界各地的移民都强调并维护自己的文化,因此形成了美国社会多元文化的特点,而跨文化交际也是美国学界一直都比较关注的焦点,研究者众多,成果也较为丰富。爱德华·霍尔之后,60年代出现了两部专门探讨文化与交际的专著Culture and Communication(Oliver, 1962)和Communication and Culture(Smith, 1966)。60年代末,美国有5所大学开设跨文化交际学课程。1977年,全美有450所教育机构开设这门课,有的大学还有跨文化交际的硕士和博士学位。1978年,约有200所大学开设了这门课程(胡文仲,2004)。1974年,跨文化教育训练与研究学会(SIETAR, Society for Intercultural Education, Training and Research)在美国成立。

我国跨文化交际学研究起步较晚,80年代初期,我国学者才开始研究。许国璋教授1980年在《现代外语》第4期上发表了Culturally Loaded Words and English Language Teaching,是我国最早的跨文化交际的论文。跨文化交际作为一门学科向国内读者介绍则是在1983年,何道宽发表《介绍一门新兴学科——跨文化的交际》(载《外国语文》1983年第2期)和《比较文化我见》(载《读书》1983年第8期),文中介绍了这门新兴学科的基本内容、理论及其研究成果。在20世纪80年代,有不少关于语言文化差异的文章,学者们开始关注跨文化交际的研究。

进入20世纪90年代,我国学者开始撰写跨文化交际学研究著作,影响较大的有胡文仲主编的《文化与交际》(外语教学与研究出版社,1994)、关世杰的《跨文化交流学》(北京大学出版社,1995)、王宏印的《跨文化传通》(北京语言学院出版社,1996)、林大津的《跨文化交际研究》(福建人民出版社,1996)、贾玉新的《跨文化交际学》(上海外语教育出版社,

1997)、胡文仲的《跨文化交际学概论》(外语教学与研究出版社,1999)。这些著作的出版对跨文化交际学的推广起了重要作用。

彭世勇对2000年至2010年10年间发表在我国CSSCI类528种学术期刊和外语类核心期刊上的论文进行了统计,发现有跨文化交际论文1043篇,数量不算少。但是,彭世勇也发现,中国跨文化交际的研究论文缺少从跨文化交际的实际出发对文化与交际行为之间多层面的互动关系或跨文化环境下的交际行为差异进行的实证研究,而采取跨学科的研究方法,对组织内部的跨文化交际行为进行的研究就更少。他认为我国的跨文化交际研究,还停留在对概念的讨论与探讨上,大多数的论文没有多少科研成分。(彭世勇,2010)胡文仲认为我国的跨文化交际研究主要还是偏重于语言教学,侧重对跨文化交际中的文化差异进行静态的对比和分析,呈现出单一学科参与的特点。内容大多涉及跨文化交际与外语教学、跨文化交际与对外汉语教学、跨文化交际能力的培养、跨文化交际与翻译、跨文化交际中的语用失误、非言语交际、词汇的文化内涵、跨文化交际与修辞、经贸领域的跨文化交际等。这与跨文化交际学本身所具有的跨学科特点不相符合。因为跨文化交际本来是一门研究多元文化环境下各种人际与社会行为的综合学科,绝不仅限于外语学习的交际范畴,它理应包含更大的跨文化领域。(胡文仲,2005)

 思考

1. 说说中国古代有关跨文化交际的研究。
2. 说说现代跨文化交际学的产生。它为什么会产生在美国?
3. 说说中国跨文化交际学目前的发展状况和研究特点。

第二节　跨文化交际的主要研究内容、方法和目的

一、跨文化交际的研究内容

跨文化交际研究是一个涉及多学科渗透的交叉学科，传播学、心理学、人类学、社会学、语言学、文化学等都构成其研究的内容。跨文化交际主要研究两个方面的内容：1. 跨文化对比研究；2. 跨文化交际过程研究。

跨文化对比研究侧重于用文化人类学的研究方法对跨文化交际中的文化差异进行对比和分析，研究不同文化人士在不同文化背景下所形成的价值取向、思维方式、法律制度、道德规范、行为方式、交际规则、语言规则、非言语交际规则、文化规范和文化符号系统、代码系统等的差异，以及这些差异在跨文化交际中的表现。爱德华·霍尔的高低语境理论，吉尔特·霍夫斯泰德（Geert Hofstede）不同文化的维度理论为研究不同文化的差异提供了基本框架和研究手段，其特点是让人们可以对不同文化进行科学观察和精密量化。这些观察的角度，如高低语境、权距、性别、个人主义、不确定性规避、长短期导向等，可以对一种文化的主要特征进行观察和统计，对不同文化的差异进行细致的对比研究，清晰展示不同文化间本质的差异，而清楚地认识到这种差异对克服文化障碍、完成跨文化交际有很大的帮助。

跨文化交际过程研究是一个动态的研究，它关注不同文化背景的人们完成跨文化交际的整个过程，以及如何面对出现的交际障碍和文化冲突。它观察跨文化交际过程中各交际环节文化因素的变量和作用，解释跨文化交际中交际过程如何建构，以及人们在这个过程中如何处置文化的不适。如怎样减少不确定性、怎样构建意义和身份、怎样适应文化差异、怎样应

对跨文化冲突等。丁允珠（Stella Ting-Toomey）、威廉·古迪孔斯特、金荣渊提出的面子协商理论、文化/种族认同协商理论、焦虑/不确定性协商理论、跨文化调适理论也具有广泛的影响。

二、跨文化交际的研究方法

　　跨文化交际研究是一个多学科渗透、交叉的研究，它与人类学、社会心理学和传播学的关系非常紧密，在研究方法方面，定性研究和定量研究应当成为主要的形式。要结合跨文化交际的实际，对文化与交际行为各环节和文化因素之间的关系进行观察研究，要对跨文化交际行为本身进行实证研究，观察其差异，分析其意义。实证研究是国际上跨文化研究主流学者的主要研究形式，用社会科学研究的手段对跨文化交际的现象以及过程进行定性和定量研究，观察分析交际者的行为，从而发现某个文化群体的交际规则，在此基础上对不同文化、不同身份的交际者在跨文化交际中的各种表现加以研究。这种研究中，观察、访谈、问卷、测试等都是常见的手段。

三、跨文化交际的研究目的

　　学习跨文化交际理论和知识的目的在于培养跨文化交际者在全球化和多元文化共生的时代背景下的跨文化正确意识和国际视野，培养和接受人类文化多样性的意识，树立民族、种族和文化平等的观念，克服刻板印象、文化偏见、文化中心主义的消极影响，形成对文化差异的敏感、开放、宽容、尊重的心态，掌握处理文化差异和文化冲突的正确方法。而汉语国际教育学习者，更应该培养熟练的汉语作为第二语言教学技能、良好的跨文化交际能力，以及为适应汉语国际推广工作，在跨文化交际的环境下推广中国语言文化的能力。

进入21世纪,随着中国汉语国际推广事业在世界范围的快速发展,跨文化交际活动日益频繁。据2019年12月在长沙召开的国际中文教育大会提供的数据,截至2019年底,全球已有162个国家和地区建立了550所孔子学院和1172个中小学孔子课堂。

孔子学院创办15年以来,为数千万各国学员学习中文、了解中国文化提供服务。在开展国际中文教育的同时,孔子学院还举办了大量丰富多彩的中国文化展示和中外人文交流活动,在促进中外交流、帮助各国朋友了解中国等方面发挥了示范引领作用,助力69个国家将汉语纳入国民教育体系,韩国、泰国、越南、俄罗斯、爱尔兰、以色列等国将汉语纳入高考。2019年12月10日,白俄罗斯、智利、马尔代夫等8个国家又签约新设孔子学院、孔子课堂、汉语中心。

如此有力和范围广泛的语言文化推广活动是世界级的。《孔子学院2016年年度报告》显示,仅2016年,孔子学院就向147个国家派出汉语教师3450人,支持各省、区、市教育厅(委)和高校派出教师4921人,重点支持"一带一路"国家汉语教学,派出教师1073人,同时,向130个国家派出汉语教师志愿者6071人。在这样的大背景下,如何向世界人民介绍中国语言和文化、讲好中国故事成为跨文化交际必须面对的挑战,其重要性也越来越受到重视。

要做到这一点并不容易,就跨文化交际来说,向全世界范围传播中国语言文化,首先要做的就是对自身文化的理解、认识、梳理,以及在了解他国文化,熟悉国际规则和文化规范的基础上,构建中国国家形象,讲好中国故事,提升中国的软实力和国际影响力。

思考

1. 跨文化交际学是一门怎样的学科?它主要研究的内容是什么?
2. 跨文化交际研究应当采用什么方法?为什么?
3. 结合孔子学院的工作说说学习跨文化交际理论和知识的目的。

跨文化案例分析

1. 一位在澳大利亚教汉语的志愿者班上有一位男生唱歌非常好,常常在歌唱比赛中获奖。学校有中文合唱比赛,老师让他参加班级的合唱队,但这个学生不愿意。可这时班上再也找不到其他人可以去,老师再次动员这个学生,这个学生就生气了,说什么也不去。老师对学生的行为很不解,请说说你的看法。

2. 志愿者小杨在英国任教,一天他感冒了,想到没有其他老师可以代课,他就坚持着到教室去上课。他一边上课一边咳嗽,学生们看到这种情况都很关心他,纷纷问候他,还给他饮料。第二节课,科主任来了,他让小杨立即离开学校去看病或回家休息。小杨说没关系,他能坚持。科主任很严肃地告诉他,赶快离开。你怎么理解科主任的态度?

第二章

文化和多元文化

第二章

文化与亚文化

第一节　"一方水土一方人"——文化和文化的独特性

一、什么是文化

 热身

> 两位学生讨论什么是文化。A同学说:"文化基本就是艺术,比如唱歌跳舞、绘画写作之类。"B同学不同意,他说:"我觉得文化的范围更广一些,还应该包括建筑等,不是有个说法,说'建筑是凝固的艺术'吗?"
>
> 请思考:
> 1. 你觉得他们对于文化的理解正确吗? 为什么?
> 2. 如果让你给文化下一个定义,你会怎么说呢?
> 3. 你觉得文化究竟是什么? 它最重要的性质是什么?

习近平总书记在庆祝中国共产党成立95周年大会上明确提出:中国共产党人"坚持不忘初心、继续前进",就要坚持"四个自信",即"中国特色社会主义道路自信、理论自信、制度自信、文化自信"。而且他还强调指出:"文化自信,是更基础、更广泛、更深厚的自信。"

"文化"究竟是什么呢? 这是一个看似简单却至今没有一个准确答案的问题。英国人类文化学的鼻祖爱德华·伯内特·泰勒(Edward Burnett Tylor)是现代第一个试图界定"文化"定义的学者,他认为:文化是复杂的整体,它包括知识、信仰、艺术、道德、法律、风俗以及其他作为社会一分子所习得的任何才能与习惯,是人类为使自己适应其环境和改善其生活方式的努力的总成绩。(《原始文化》*Primitive Culture*)

美国人类学家阿尔弗雷德·克罗伯(Alfred Kroeber)和克莱德·科拉克洪(Clyde Kluckhohn)在1952年出版的《文化:概念和定义批判分析》(*Culture: A Critical Review of Concepts and Definitions*)一书中列举了164条有关"文化"的定义。然后他们对文化下了一个综合定义:"文化存在于各种内隐的和外显的模式之中,借助符号的运用得以学习与传播,并构成人类群体的特殊成就,这些成就包括他们制造物品的各种具体式样。文化的基本要素是传统(通过历史衍生和由选择得到的)思想观念和价值,其中尤以价值观最为重要。"西方许多学者接受克罗伯和科拉克洪有关文化的定义。今天,人类学家、社会学家、历史学家、心理学家、语言学家、传播学家等众多学科的专家依然从各自的角度来定义文化。

《现代汉语词典》(第7版,1371页)对"文化"的定义是:

① 指人类在社会历史发展过程中所创造的物质财富和精神财富的总和。特指精神财富,如文学、艺术、教育、科学等。

② 指运用文字的能力及一般知识。

③ 考古学用语,指同一个历史时期的不依分布地点为转移的遗迹、遗物的综合体。同样的工具、用具,同样的制造技术等,是同一种文化的特征,如仰韶文化、龙山文化。

义项②和义项③中的"文化"都不是我们讨论的问题。跨文化交际讨论的"文化"是义项①的意思,即"人类在社会历史发展过程中所创造的物质财富和精神财富的总和"。

其实这个定义也相当宽泛,这确实是由于文化是一个庞大无比的系统,仅从某一个角度去定义是不可能的。也由于文化太过庞大复杂,很难具体罗列,综合地、概括性地描述反而比较容易从总体上反映文化的实质。我们可以感受到,人类创造的一切都是文化,人类的一举一动、一言一行、一念一想都是文化,不管是展现在世人面前的还是隐藏在我们心里的,都是文化。

二、文化的分类

 热身

> 下面出现的事物都可归为某一类文化,如果要对它们进行分类,你会怎么分?你的分类标准是什么?
>
> 冰激凌、篮球比赛、左祖右社、计算机、父债子还、电脑、一夫一妻制、圣诞节、春联、二胡、芭蕾舞、长城、儒学、汽车、放鞭炮、手机、拜天地、豆腐、武术、西装、佛教、英语、宪法、刺绣、白兰地、尊老爱幼、动手术、青霉素、安乐死、毕业典礼、赡养父母、联合国、奥运会、眼镜、红绿灯、摇滚乐、牛仔裤、马桶、首饰、烤面包、赛龙舟、画油画、钓鱼、握手、披麻戴孝、生鱼片、点头、先上后下、手机操作系统、汉语、金字塔

(一)文化的总体分类

既然文化是这样一个复杂庞大的系统,那就一定需要对文化进行分类。如果对文化进行分类,可以有不同的分法。最简单也是最常见的分法就是将文化简单分为物质文化和非物质文化两类。

物质文化顾名思义就是人类创造的以物质形式存在的产品,与"非物质文化"相对。它指的是人类为了满足生存和发展的需要所创造的物质产品及其表现出来的文化,如我们举目所见的城市、乡村、建筑、农田、饮食、服饰、机器、用具等。这里的关键是"人类创造",它不是自然物质的简单存在,而是体现人类精神思维的发明创造或改造。最简单的如一块被改造的山地,这块山地已经不是以往那块"原始"的山坡,它的形式、功能已充满了

人类对自然的认识和自己的追求，是文化了。

再如一头被人类猎杀的野猪，当不再被生撕硬啃而是被以某种形式加工成食物后，就属于物质文化范畴了，如再配以不同的佐料或被加工成不同的形式，那就更是体现了强烈的"饮食文化"色彩了。

全世界的动物都要为生存而获取食物，人类也是一样的。但是，人类不同群体认知、审视、获取、处理食物的方法是截然不同的。哪些算是食物，这个食物怎么获得，怎么做，怎么吃，什么时候吃都有不同，都有讲究，这是文化。而动物都只会本能地获取食物，生吞活剥，茹毛饮血，更谈不上加工，它们没有文化，有的只是生物的本能。

不是"物质"自然而然就能成为"物质文化"。动物没有"文化"，或者说没有严格意义的"文化"，只有人类参与的，体现了人类对自然物质的思考和改造的事物，才是"文化"。哪怕是日式料理中的"生鱼片"，它本质上已经与一块生的鱼肉没有任何关系了，背后体现了日本人对于这种食物的种种思考和审美体验，甚至蕴含了日本人对于自然、生物、宇宙、人生的理解。

非物质文化是指那些以非物质形态存在的，体现人类对宇宙、人生、自然理解或人类记忆的东西，它记录和体现了人类发展的历程，尤其是精神世界的发展过程，如哲学、艺术、风俗、习惯、语言等。非物质文化由于其"非物质"的特点，很容易随着时代的变迁而改变，甚至消失。比如语言文字，可以因为国家语言政策的改变而改变，像越南弃用汉字而采用拉丁文字等。再比如习俗，春节放鞭炮这个最典型的中国习俗，在很多中国大城市已经慢慢减少，甚至绝迹。

根据文化层次理论，文化可分为：精神文化、物质文化、制度文化、行为文化。

1. 精神文化是一种抽象的文化，指人类的价值观和意识形态。精神文化与相关的物质文化有密切的关系，它们相互作用，相互影响。比如中国建筑就体现了中国哲学的精神，中国皇家建筑的对称工整、庄严大气，就体现了儒家尊卑有序的等级制度，这就是精神文化与物质文化的结合。

2. 物质文化是具象文化，与精神文化相对。前面我们已经说明了它的特点，它体现了人类对自然的认识和理解，比如吊灯用塑料还是用玻璃，桥梁是用石头还是用钢铁。但是，物质文化最重要的就是在人类物质产品之上所表现出来的人文精神，如审美情趣和精神追求。如牛肉是切块还是切片，酒杯是高脚还是平底，屋檐是上挑还是下垂，衣襟是朝左还是朝右，城市是建成八卦状还是大饼状……这些都是人类精神文化的物质体现。

3. 制度文化是人类为满足群居，也就是社会稳定发展的组织体系和架构。比如国家的管理体制、法律制度、社会仪轨、群己关系等一整套的公序良俗。

4. 行为文化是指人们为满足社会生活而创造的行为符号。比如中国人从前见到人要作揖打拱，法国人见到人要贴面，泰国人见到人要合掌等。人类的行为文化是文化的重要组成部分，是日常接触中最能体现文化不同的部分。

各类文化之间既有区别，也有联系，有时甚至会相互转化。如衣服来源于纺线织布，本来是物质文化，作用是保护身体免受伤害。但后来衣服的功能和作用都发生了改变，保护身体的功能占比逐渐缩小，在遮体之外提供了身份、品味、情趣、审美、装饰等文化因素，成为一个人生活态度和个人魅力的体现，它便具有了精神文化的特点。

（二）某一文化的分类

在一个具体文化，如中国文化中，还可以进行更细致的分类，因为文化是一个庞大复杂的系统，内部充满差异、对立，因此有必要对某一个具体的文化进行分类。一般分为主流文化、亚文化/次文化、反文化三类。

1. 主流文化（Dominant Culture）。主流文化是一个文化系统中占主导地位的文化，如中国漫长的封建时代，儒家文化就是主流文化；在阿拉伯地区，伊斯兰文化就是主流文化；在菲律宾，天主教文化就是主流文化。

2.亚文化(Subculture)。亚文化又叫次文化或副文化,是一个文化系统中处于次要地位的文化,也可以理解是主流文化的分支和细分,具有地区性或群体性的特点。如中国文化的主流文化可以再细分为山西文化、岭南文化、海派文化、京派文化,甚至华为文化这种企业文化等亚文化。亚文化有和主流文化基本一致的价值观,但也有自己独特的价值观和行为方式。

3.反文化(Counterculture)。反文化就是否定和排斥主流文化的文化。当亚文化和主流文化对立和排斥时,它就成为反文化。反文化的主体一般是青年,他们反对主流文化倡导的价值观。如美国二十世纪六七十年代的反战和平运动、妇女解放运动、黑人民权运动、校园民主运动、环境保护运动、同性恋者权利运动等。

思考

1. 各类文化间的区分有时候不是那么泾渭分明,请举例说明。
2. 主流文化一般是怎样形成的?它在社会中的地位和作用如何?
3. 动物也常常有等级,如我们知道的"猴王""虎王""蜂王""工蜂"等,这是制度文化吗?
4. 小鸟觅食和人类捕猎都是狩猎文化吗?

三、文化的特点

文化是伴随人类进化而产生出来的精神和物质财富,没有人参与的自然存在物不是文化。例如,河水不是文化,修堤筑坝才是文化;抓扯撕咬不是文化,修枪造炮、排兵布阵才是文化。

1. **文化是社会的**。文化是人类在社会生活中共同创造的社会化产物,它是一个社会或群体全体成员共有的一整套的概念、价值观和行为准则,是使个人行为能力为集体所接受的共同标准。文化是这个社会群体所共有了儒家尊卑有序的等级制度，这就是精神文化与物质文化的结合。

2. 物质文化是具象文化，与精神文化相对。前面我们已经说明了它的特点，它体现了人类对自然的认识和理解，比如吊灯用塑料还是用玻璃，桥梁是用石头还是用钢铁。但是，物质文化最重要的就是在人类物质产品之上所表现出来的人文精神，如审美情趣和精神追求。如牛肉是切块还是切片，酒杯是高脚还是平底，屋檐是上挑还是下垂，衣襟是朝左还是朝右，城市是建成八卦状还是大饼状……这些都是人类精神文化的物质体现。

3. 制度文化是人类为满足群居，也就是社会稳定发展的组织体系和架构。比如国家的管理体制、法律制度、社会仪轨、群己关系等一整套的公序良俗。

4. 行为文化是指人们为满足社会生活而创造的行为符号。比如中国人从前见到人要作揖打拱，法国人见到人要贴面，泰国人见到人要合掌等。人类的行为文化是文化的重要组成部分，是日常接触中最能体现文化不同的部分。

各类文化之间既有区别，也有联系，有时甚至会相互转化。如衣服来源于纺线织布，本来是物质文化，作用是保护身体免受伤害。但后来衣服的功能和作用都发生了改变，保护身体的功能占比逐渐缩小，在遮体之外提供了身份、品味、情趣、审美、装饰等文化因素，成为一个人生活态度和个人魅力的体现，它便具有了精神文化的特点。

（二）某一文化的分类

在一个具体文化，如中国文化中，还可以进行更细致的分类，因为文化是一个庞大复杂的系统，内部充满差异、对立，因此有必要对某一个具体的文化进行分类。一般分为主流文化、亚文化/次文化、反文化三类。

1. 主流文化（Dominant Culture）。主流文化是一个文化系统中占主导地位的文化，如中国漫长的封建时代，儒家文化就是主流文化；在阿拉伯地区，伊斯兰文化就是主流文化；在菲律宾，天主教文化就是主流文化。

2. 亚文化(Subculture)。亚文化又叫次文化或副文化,是一个文化系统中处于次要地位的文化,也可以理解是主流文化的分支和细分,具有地区性或群体性的特点。如中国文化的主流文化可以再细分为山西文化、岭南文化、海派文化、京派文化,甚至华为文化这种企业文化等亚文化。亚文化有和主流文化基本一致的价值观,但也有自己独特的价值观和行为方式。

3. 反文化(Counterculture)。反文化就是否定和排斥主流文化的文化。当亚文化和主流文化对立和排斥时,它就成为反文化。反文化的主体一般是青年,他们反对主流文化倡导的价值观。如美国二十世纪六七十年代的反战和平运动、妇女解放运动、黑人民权运动、校园民主运动、环境保护运动、同性恋者权利运动等。

 思考

1. 各类文化间的区分有时候不是那么泾渭分明,请举例说明。
2. 主流文化一般是怎样形成的?它在社会中的地位和作用如何?
3. 动物也常常有等级,如我们知道的"猴王""虎王""蜂王""工蜂"等,这是制度文化吗?
4. 小鸟觅食和人类捕猎都是狩猎文化吗?

三、文化的特点

文化是伴随人类进化而产生出来的精神和物质财富,没有人参与的自然存在物不是文化。例如,河水不是文化,修堤筑坝才是文化;抓扯撕咬不是文化,修枪造炮、排兵布阵才是文化。

1. 文化是社会的。 文化是人类在社会生活中共同创造的社会化产物,它是一个社会或群体全体成员共有的一整套的概念、价值观和行为准则,是使个人行为能力为集体所接受的共同标准。文化是这个社会群体所共有的一种总体的、稳定的心理特征和行为方式，没有社会就没有文化。我们说的中国文化、美国文化、封建文化、犹太人文化都是说一个社会群体的文化。文化不是个人或家庭的，不可能出现一个张三文化、李四文化，也不会有张家文化、李家文化。个人和家庭的行为和思想是习惯，是个性，甚至是怪癖，但不是文化。

2. **文化是后天习得的**。跟遗传和本能不同，文化是后天习得的。一对黑人父母通常会生一个黑人的孩子，秃头的父母也极有可能生一个长大后会秃头的孩子，但是，一对用刀叉吃饭的父母绝不会生一个天生就会用刀叉的孩子，一对过生日就要吃面条的父母生的孩子也不会自然就在生日那天想吃面条。没有教育，就没有文化，你教什么，他们就会有什么样的文化。一个被中国客家人收养的印度孩子，长大后除了相貌有印度人的特点外，语言、行为、习惯、价值观都是客家人的。同样，一个出生在美国的中国人的孩子，长大后很可能除了相貌像中国人以外，整个精神气质和行为方式都是美国人的。只不过文化的教育是在自觉或不自觉的状态下进行的，很多人并没有意识到这种教育的存在，而事实上，文化教育是在一个完全沉浸式的环境中全方位进行的。《晏子春秋·杂下之十》："橘生淮南则为橘，生于淮北则为枳，叶徒相似，其实味不同。所以然者何？水土异也。"社会环境对文化的形成有重要影响力。

3. **文化是一代传一代的连续不断的动态过程**。这里有两个含义：其一就是"一代传一代的连续不断"。文化如江河流水，连绵不断。每代人都是沉浸在上一代人继承和创造的文化中生长的。人不可能脱离文化生长，只要他还是一个"社会人"，因为他所有的生活环境都是一个特定的文化。其二是"动态过程"。这是因为文化是一个随时随地变化发展的过程。文化是可以被改变和毁灭的，一个原先写汉字的民族可能后来用了别的文字，比如越南、韩国；一个原先穿长袍马褂的民族后来会穿西装，比如中国人；一个原先信佛教的民族后来信了伊斯兰教，比如中亚的许多民族。人类历史上有太多这样的例子，时代的发展要求每一代人根据自己的需要对传统文化进行改造,这种改造有时是改良,有时是革命,因此传统文化随时处在一个变化的过程中。

4. 很多文化是无意识的。美国语言学家莉奈尔·戴维斯(Linell Davis)认为文化就像是一座冰山,大部分是隐藏在水面之下不可见的,无意识的;文化就像是一个软件,指挥着作为硬件的我们的身体和思维;文化又像是一个我们行为的"语法"。(《中西文化之鉴:跨文化交际教程》,外语教学与研究出版社,2001)我们都会使用母语,但是我们在使用母语时有多少人会考虑语法规则,或者说懂语法规则。我们自认为"天生"就会这种语言,文化也是一样的。事实上我们是习得这种规则的,只是我们没有意识到而已。

5. 文化具有民族性和特定的阶级性。文化有明显的民族性,或者说有明显的地域性,这也是人类发展的自然结果,因为人类散居在地球的不同区域,由于山河阻隔,从而形成这一区域人群特有的文化特点。如古希腊文化、中国古代文化、古罗马文化、阿拉伯文化、地中海文化、印度文化、草原文化、玛雅文化等。语言和宗教因为对民族或人群心理状态影响非常大,因而常常形成跨越区域的共同文化,如阿拉伯文化、拉丁文化、英美文化、伊斯兰教文化、佛教文化、基督教文化等。社会不同的阶层由于所处的物质生活条件以及社会地位的不同,因而他们的价值观、信仰、习惯和生活方式也不同,出现了各阶级之间的文化差异,如平民文化、贵族文化、街头文化、宫廷文化等。

6. 文化是一整套庞大的象征符号系统。文化实际上是将一整套象征符号体系印刻在人类的认知之中,人们可以透过这套象征符号体系解读呈现在眼前的事物和事物背后的意义。也正因为文化是象征符号,所以这个世界才有了意义。使用或解读这些象征符号的"密码"就是文化,要解读出这些"密码"就要了解和认识这个文化。比如你给人鞠了一个躬表示尊敬,再比如别人给你倒茶时你用手指敲一下桌子,或者是妈妈在你生日那天给你下了一碗面。这些行为举动都蕴含着文化的"密码",代表特定的意义。如果你看到有人家贴春联挂灯笼,你要能解读出春节快到了;如果你看到一对白色的对联出现在一家人的门上,你要能解读出这家人可能有人去世了。你看到一个美国青年送女孩一枝玫瑰花,你要能解读出他在表示爱意。你看到日本人门口的杆子上挂着用纸或布做成的彩色鲤鱼,你应该知道这家有男孩,挂这些是为了祝福家中的男孩健康、快乐。你看到交通灯亮了红灯,你要知道这是告诉你不能通行。你读懂了这些象征符号,就是你理解了这种文化。每个文化的象征符号系统是不同的,当然,通过文化的传播,我们可能接受别的文化符号系统,如交通灯的颜色、体育比赛的规则、节日的风俗等。

 思考

1. 动物和人类都爱护自己的孩子,为什么人类的爱就是文化,而动物的不是呢?
2. 怎么理解文化是人类所特有的?
3. 动物也要学习生存技能,为什么人类的学习就是文化而动物的就不是呢?
4. 有人说,父母是文盲,就没有能力教他们的孩子"文化",你同意这种说法吗?为什么?

第二节　"海纳百川"——多元文化的时代

一、文化多元

文化是人类在社会生活中共同创造的社会化产物,是精神和物质财富的总和。在人类漫长的发展过程中,由于山河阻隔和不同的地理环境,形成了众多相互独立又相互关联的文化,各个文化之间有显著不同于其他文化的特点,犹如放大了的人物个性,各不相同,各美其美,多彩多姿,体现了那个地区、民族、阶层特有的价值观和审美情趣,如中国文化、阿拉伯文化、印度文化、英美文化等。就算在一个中国文化之下,还可以分为北方文化、南方文化,甚至山西文化、福建文化。除了地理因素带来的不同文化,语言、宗教、种族也很容易形成不同的文化,如伊斯兰教文化、佛教文化、基督教文化,甚至美国文化中也能分为主流文化和非主流的黑人文化等。这些不同文化的存在就是文化的多元。但是现代社会纷繁复杂,自然的山河阻隔或者传统的国家范围已经逐渐失去划分文化的作用,各种文化在互联网时代更加激烈地交融互动,很多文化往往都是跨越国家、民族、宗教范围的,比如嘻哈文化、法国红酒文化,甚至NBA文化。

文化多元是客观存在,长期以来众多的文化都以各自亮丽显著的色彩体现与其他文化的不同特质。正是有了文化的多元,世界才显得多姿多彩。而文化的多元又为人类的发展提供了源源不绝的财富和养料,人类今天取得的成就无一不是文化多元的功绩。中国的造纸术、印刷术让人类记录和传播文明的速度和效率大大提高,爱迪生发明的电灯照亮了全世界,莱特兄弟的飞机让五大洲不再遥远,弗莱明发现青霉素结束了传染病几乎无法治疗的时代。

随着人类的发展和文化的交流,文化之间的相互影响也一直没有停止。我们在前面说过,文化是一个随时随地变化发展的过程。文化是可以被改变和毁灭的,这样的例子很多。或许文化会在某一日最终被统一为单一的文化,也或许文化永远多元。

 思考

1. 生活在地球上的人类为什么会有这么多种不同的文化?
2. 你如何看待人类这么多种不同的文化,它们最后的结果会怎么样?

二、经济的全球化

随着现代社会交通科技的发展,原先的空间距离观念被完全打破,地球变得很小,人们的距离变得很近,以前关山万里、天涯海角的"他乡"变成瞬间可达的"比邻",人员往来便捷异常,数量庞大。而互联网科技和通信技术的发展更使得世界被连成一个整体,信息、思想的交流没有任何时间和空间的障碍,我们已经进入一个全球化的时代。

从物质形态看,全球化首先是经济的全球一体化,所谓跟世界接轨,如世界贸易组织(WTO),只要是组织的成员,不管是什么国家,也不管它的宗教和文化背景,都要在统一的规则之下运行,连出现纠纷时也是由WTO争端解决机构——DSB(Dispute Settlement Body)来裁决。一旦DSB作出裁定,争端各方就必须无条件接受,国际规则超越了国家的"规则"。

人流、物流、资本流的大规模全球流动是全球化的标志,这种流动带来各国文化、价值观、生活方式、意识形态等方面的全球交流、碰撞、冲突、融合。全球化是一个趋势,它将世界连接成一个不可分割的整体。各种物理的、观念的藩篱都被打破,孤立、割据已经变得越来越不可能,各种文化已经没有了闭关锁国、独善其身的条件,地球就是一个小小的"地球村"。

 思考

1. 经济的全球化如何影响我们人类的文化?
2. 在经济全球化的背景下,用闭关锁国来保持文化的"独特"为什么不可能?

三、全球化环境下的多元文化

多元文化指的是在当今全球化的环境下,一个原先相对"单纯"的文化（这种文化常常以国家或民族为其边界）在发展过程中兼收并蓄其他国家或民族的优秀文化，形成一个以本国或本民族文化为核心，外来文化为辅助的新文化。这种新文化能够符合时代和历史发展的规律，能更好地服务于人类进步和繁荣，能应对不同的机遇和挑战。它具有开放、包容的特点。我们期待的是孔子说的那种"和而不同"（《论语·子路》）的理想化状态。

但我们的理智和人类发展的历程告诉我们，方向上趋同的全球化和方向上离异的多元化的并存就是一个悖论：要保存文化的多元，那当然是各种文化越独特、越纯粹越好，犹如徐志摩的《偶然》"你我相逢在黑夜的海上，你有你的，我有我的，方向；你记得也好，最好你忘掉，在这交会时互放的光亮"。要接受全球化的观念，就要敞开胸怀接纳不同的文化，而这些个文化有时候可能会以超过你控制能力的速度和力量冲击你的固有文化，彻底摧毁你的固有文化而取而代之，这就是一些全球化反对者所担心的问题。有一天会不会舞台上都是怀抱吉他的歌手而再也见不到弹着琵琶的歌者？有一天会不会只有披着雪白婚纱的新娘而再没有头顶红布盖头的媳妇儿？

全球化使某些强势文化在其依附的强势经济势力下如虎添翼，迅速遍及全世界，美剧、NBA、法网、世界杯、奥运会、达沃斯、G20、奥斯卡、格莱美占据了世界主流媒体。而很多弱势文化在强势文化的冲击下气若游丝，有被"同化""吞噬"的趋势。

如何在全球化的环境下保持文化的多元发展呢？其实我们不必那么悲观。首先，从人类历史发展来看，一种优秀的文化很少会全盘照搬别的文化而彻底抛弃自己的文化，新的文化被引进后，往往会与本土文化相结合产生出新的、更有生命力的文化。印度佛教传入中国后的大发展就是一个很好的例子，马克思主义与中国具体实践相结合后产生的中国特色社会主义也是一个成功的例子。我们要有文化的自信，要有海纳百川的胸怀，因为"和则生物，同则不继"（《国语·郑语》），新物质总是产生于不同物质的融合，如果都一样，也就没有什么发展了。

另外，我们也要相信，世界文化的主流是人类理智的选择。尊重自然、可持续发展、男女平等、公平正义、和谐世界、人类命运共同体等价值观，越来越成为世人的共识，是人类走向文明幸福的基本方向。

过分强调"趋同"和"离异"是全球化与多元化进程中要特别注意的两种不良的倾向。一种文化不能以"趋同"为借口将自己的意识形态强加于人，或总是认为自己的文化"优越"，从而想对别的文化取而代之，这是一种"文化霸权主义"。一种是"文化孤立主义"，也就是用闭关锁国的方法阻挡其他文化的渗入，漠视人类文化交往的历史和功绩，反对文化交流，严密保持自己文化的"纯洁""原汁原味"。这种封闭的心态和文化上孤立主义，会导致本文化的衰落，犹如动物的近亲繁殖和植物的品种退化。

我们不能指望所有文化都能万寿无疆，无论再怎么保护，一些文化还是要衰亡的，很多时候这些衰亡让人心痛，如很多艺术形式、手艺、风俗的消失。但很多时候这些文化的消失让人心悦，是社会进步的表现，比如中国妇女以前的裹小脚、女孩不读书等。新文化的产生和旧文化的消失是不以人类意志为转移的。那些在人类发展史上产生过重要影响的优秀文化还是会长期继续发展。当然，一些文化也需要得到人们特别的关心和保护，不是任由其自生自灭。

习近平主席2014年9月在纪念孔子诞辰2565周年国际学术研讨会暨国际儒学联合会第五届会员大会开幕会上的发言完美地阐释了人类在全球化背景下应该如何看待文化的意义，应该如何应对不同文化的交流，应当如何正确处理社会发展与传统文化的关系，具有重要的理论指导意义。

关于文化的意义，习近平主席指出："思想文化是一个国家、一个民族的灵魂。无论哪一个国家、哪一个民族，如果不珍惜自己的思想文化，丢掉了思想文化这个灵魂，这个国家、这个民族是立不起来的。"

在谈到如何应对不同的文化的交流时，习近平主席指出："本国本民族要珍惜和维护自己的思想文化，也要承认和尊重别国别民族的思想文化。不同国家、民族的思想文化各有千秋，只有姹紫嫣红之别，而无高低优劣之分。每个国家、每个民族不分强弱、不分大小，其思想文化都应该得到承认和尊重。……各国各民族都应该虚心学习、积极借鉴别国别民族思想文化的长处和精华，这是增强本国本民族思想文化自尊、自信、自立的重要条件。"

在谈到如何处理社会发展与传统文化的关系时，习近平主席指出："传统文化在其形成和发展过程中，不可避免会受到当时人们的认识水平、时代条件、社会制度的局限性的制约和影响，因而也不可避免会存在陈旧过时或已成为糟粕性的东西。这就要求人们在学习、研究、应用传统文化时坚持古为今用、推陈出新，结合新的实践和时代要求进行正确取舍，而不能一股脑儿都拿到今天来照套照用。要坚持古为今用、以古鉴今，坚持有鉴别的对待、有扬弃的继承，而不能搞厚古薄今、以古非今，努力实现传统文化的创造性转化、创新性发展，使之与现实文化相融相通，共同服务以文化人的时代任务。"

历史告诉我们，文化的交流是社会发展的重要推动力量，在全球化的今天，这个意义更加重要。只有秉持包容精神，勇敢、自觉、主动地与不同的文化进行交流，才能保持本民族文化的生命力，也才能最终做到文化自信、与世界不同的文化和谐共处。

 思考

1. 多元文化应该是一种什么样的文化？
2. 我们应该怎样看待一种文化的变化甚至消失？
3. 怎样理解习近平主席所说"思想文化是一个国家，一个民族的灵魂"？
4. 习近平主席怎样论述不同的文化的交流？

第三节 "文明"和"文化"——文化的相对性和普遍性

一、文明是优秀文化的结晶

文明在工具书的定义是：①文化。②社会发展到较高阶段和具有较高文化的。③旧时指有西方现代色彩的（风俗、习惯、事物）。（《现代汉语词典》，第7版，1372页）

陕北延安梁家河博物馆一段介绍文字中的故事能很好地诠释"文明"的意义。这段介绍是这样的：

> 1973年，习近平被抽调到冯家坪公社赵家河大队搞社教，他一边以实事求是的态度整顿村集体班子和村上存在的问题，一边带领群众打坝造田，植树造林，还自己动手修建了赵家河第一个男女分开的厕所，把文明的生活习惯传递给村里的老乡。

这段文字很准确地把"男女分开的厕所"定义为"文明的生活习惯"，用具体实例说明了"文明"的含义。中共中央党校一篇《习近平的七年知青岁月》中更清楚地说明了这一点：

> 2013年，我曾陪他重访赵家河。我们聊起当年习近平在赵家河工作的往事。他说，有一回他到赵家河去，见习近平正在翻修一个旧厕所。
>
> 陶海粟说："近平，这个活儿你干不了。"习近平说："这个厕所年久失修，总得有人修！"在陕北，许多农村的厕所不分男女，合用一个厕所。上厕所的人在里面，听见外面有人来了，就咳嗽一声，来的人知道里面有人，就避开了，很不方便，常常使人遭遇难言的尴尬。习近平不仅把这个"年久失修"的厕所翻修一新，而且把它建成了赵家河村有史以来第一个男女分开的厕所。

人类对排泄物的处理方式可以非常清楚地看到人类文明的进程,说它是人类文明的尺度毫不夸张。人类和动物的重要区别是人类会认真处理排泄物而动物除了极少数会对排泄场所做一些选择外,基本都是随意排泄的。人类对排泄物的处理也是经过了一个漫长的过程,直到今天,这段路程也还没有走完。当人们只在固定的场所(厕所)处理排泄物,这就是有了"文化",但这只是"文化",是否进入到"文明"还不一定。在习近平修建了赵家河第一个男女分开的厕所前,只有"文化"而没有"文明"。

通过这个事例我们可以知道文化与文明的区别,总结起来有这样几条:

1. 文化是人类精神和物质财富的总和,有精华,也有糟粕,而文明特指文化中的精华部分,是一个褒义概念。

2. 有人类活动就有文化,但还不一定是文明,文明是人类文化发展到一定阶段的产物。

3. 文化在成为文明之前一直处于不断发展的动态过程之中,而文明则处于相对稳定的状态,可以说是"发达"状态。而"发达"在英文中是用"发展"的完成态 developed 来表示的。

德国学者诺贝特·埃里亚斯(Norbert Elias)对"文化"和"文明"的界定是:"文化"是使民族之间表现出差异性的东西,它时时表现着一个民族的自我和特色,因此,它没有高低之分。而"文明"是使各个民族差异性逐渐减少的那些东西,表现着人类的普遍的行为和成就。换句话说,就是"文化"使各个民族不一样,"文明"使各个民族越来越接近。(《文明的进程》,上海译文出版社,2013)

 思考

1. "文明"和"文化"是什么关系?
2. 用习近平主席帮助村民修厕所的例子说明文明是优秀文化的结晶。
3. 怎样理解诺贝特·埃里亚斯对"文化"和"文明"的界定?

二、文化的相对性和普遍性

1. 文化相对性。文化相对性以"文化相对主义"（Cultural Relativism）观点为代表，简单地说，就是承认文化的差异并尊重不同的文化，各文化平等交流。具体做法就是强调尊重不同生活方式的差别和价值，努力寻求不同文化间的理解与和谐，不去评判、摧毁那些与自己原有文化不相吻合的东西。文化相对主义是19世纪末20世纪初，一些西方学者怀着对种族主义、文化殖民主义的厌恶和对落后国家文化的理解与尊重而倡导的理论，他们认为每一种文化都有自己长期形成的独特历史，其形态并无高低之分，反对某些"种族中心论"认为自己的文化比别的文化更优秀的观点。美国人类学之父弗朗兹·博厄斯（Franz Boas）是这个理论的重要代表。

文化相对性有合理的部分，它平等尊重各文化的观点是值得肯定的。但是，要避免把文化的相对性推向极致，因为这会产生另一些问题，就是世界上是否还存在一个超越特定文化的价值？人类还有没有共同的情感和道德？如果没有，人类如何在世界上共处，如何交流，如何面对全球化的冲击？

2. 文化的普遍性。文化的普遍性与文化相对性相对，它来源于人类所具有的生理、心理共性，这种共性使人类的行为和认知方式也具有相似性。持文化普遍性的观点认为真理与价值具有绝对性，主张真理与价值的标准化、普遍化。普遍主义最本质的观点就是这个世界有普遍性事物，而且普遍性高于特殊性，因为特殊性是相对的，而普遍性则是绝对的。

普遍性不是从特殊性中归纳出来的，而特殊性却都是在普遍性中才得以表现的。

从人类文明的演进发展来看，优秀的文化，能够得以广泛传播的文化都有普遍性高的特征，过于强调某种文化的相对性和特殊性，恰恰是禁锢和矮化了这个文化，等于承认这个文化缺乏被其他文化接受的条件。承认文化的相对性是对的，但同时也应该承认文化相对性中的绝对性的内容，比如儒家文化中的"仁、义、礼、智、信、恕、忠、孝"，虽然其中的具体含义和做法有一些特殊性,但其精神主体可以平等地与其他文化进行传播、交流、融合、转换,它可以为别的文化所接受,具有一种普遍性的价值。同样,其他文化中的内容也可以进入中国文化,成为中国文化的一部分。

我们应该用辩证唯物主义的观点来看待文化的相对性和普遍性,避免把文化完全绝对化和把文化的相对性推向极端的错误观点。

 思考

1. 文化的相对性和普遍性各自的观点是什么?
2. 如何正确看待文化的相对性和普遍性?
3. 设想一下人类文明最终会走向何方。

 跨文化案例分析

1. 在德国大学的中文课上,学生问中国来的老师,为什么中国人结婚时要男方买房子,还要给女方家庭一笔钱,是中国妇女地位比较高的原因吗?你怎么解释?
2. 中国一位汉语教师志愿者在泰国任教,一天他看到学生把芒果蘸着辣椒酱一起吃,大为吃惊。学生见状后笑这位老师没吃过芒果。志愿者说他的家乡出产非常好的芒果,但从来没有这样吃过芒果。学生却说芒果就应该这样吃。你怎么解释这种情况?

第三章

认识文化——群己关系

第二章

大众文化――都市のうた

第一节 "我是谁"——身份认同

每个人都是文化的一部分,要认识文化,最直接的途径就是认识我们自己。"我是谁"这个形而上的问题看似宏大虚无,却能帮助我们在跨文化交流的语境中获得扎实的落脚点。

 思考

一、徐老师是一位国际汉语教师,以下是她的身份信息。请仔细阅读。
  1. 找出徐老师移民前后身份标签的转变,并思考为何会有这种转变。
  2. 分析徐老师对自己的身份认知和她所感知的外界对她的认知的区别及可能的原因。

事实:
  五岁时移居广州,随祖母生活成长于康乐园(中山大学校园)。高中毕业后在中山大学接受了十年高等教育,毕业后留校任教十多年。丈夫为外籍人士,育有二女,后移居丈夫的祖国。

移民前徐老师的身份标签(按重要性排序)	
自己常用	自己不常用但外人常用
· 中大人	· 贤妻良母
· 女人	· 大学副教授
· 语言教师	· 主任、领导
· 高校教师	· 女强人
· 妈妈	· 广州人
· 孙女	· ××的太太
· 姐姐	
· 朋友	
· 同事	

(续表)

移民前徐老师的身份标签（按重要性排序）	
自己常用	自己不常用但外人常用
· 前辈 · 一个跨国婚姻的实践者 · 女儿 · 女性主义者 · 成长于20世纪80年代后期的人 · 中国人	

移民后徐老师的身份标签（按重要性排序）	
自己常用	自己不常用但外人可能会用
· 中国人 · 女人 · 妈妈 · 语言教师 · 女儿 · 姐姐 · 朋友 · 老同学 · 前教师 · 前同事 · 女性主义者 · 成长于20世纪80年代后期的人 · 无神论者	· ××的太太 · 外国移民

二、写出关于你的身份事实，并按重要性列出你的自我身份认同标签，以及你认为的外人如何看待你的标签。

一、身份的定义

身份，就是关于自己和他人的认知和社会期望系统，而这一系统的基础是相似和差异的相互作用。

首先，每个人都有多重身份，因为某人自己和其他人对这个人的认知和期望，在不同的环境和关系里是不同的。例如：

张家明一向成绩平平，自认为是个普通学生；而对家明又爱又恨的父母却认为他是一个明明有潜力成为学霸的学渣。家明一直都以自己有男子气概为荣，他是一众哥们儿心目中最好的朋友；而在前女友春娇看来，却是个直男癌晚期的渣男。

其次，一个人之所以成为自己，是因为其与众不同。与此同时，我们用以显示并说明自己与众不同的概念都离不开相似性，只有在与其他人同属一个群体时，我们的特殊之处才能显现出来。例如：

家明的父母来自湖南，他自己在广州出生长大。在以粤语为母语的本地人眼里，家明是外地人；在国内旅行的时候，他又成了广州人；之前在澳洲留学的时候，家明当然只是中国人；目前在香港工作的他，则成了"内地人"。

二、身份的多重性

身份可以分为三类：个人身份、群体身份以及关系身份。

个人身份就是我们自己把自己看作与他人不同的具有个性特征的个体的身份。例如：徐老师无论对她自己还是她的家人、朋友、上级、同事、学生来说，都是独一无二的。

群体身份就是基于大的社会群体，如民族、种族、性别、宗教和政治观点等的身份。例如：徐老师自认为是中国人、女人、无神论者、女性主义者等。

关系身份就是基于我们与他人某种关系之上的身份。例如：徐老师是女儿、妈妈、妻子、同事等，也就是所谓身份关系。

每个人都同时拥有这些多重身份，而语境则是哪个身份占主导地位的决定因素。在哪儿、跟谁在一起、想做什么。每一种身份的选择都和环境相互作用，使人们产生对权利和责任的各种不同认识。

徐老师移居前后，都是国际汉语教师。移居前，她将中国人的标签排在很靠后的位置；而移居后，"中国人"成了排在第一位的标签。但是有意思的是，作为一个移民，她却并不常将自己视为"外国移民"。在这里，我们可以很清晰地看到"在哪儿、跟谁在一起"对她的身份认同起到的决定性作用：她从中国移居到了海外，但这个移居地是她先生的祖国，因此她一方面强烈地意识到自己的民族文化背景，一方面又很有融入感。我们可以想到，她在国外的感受与行为与另外一些没有当地亲人的中国移民可能有相当大的区别。

我们还看到，移民后，徐老师作为"女儿"的身份的重要性大大提高了，原因是她正在考虑给她的母亲办理亲属团聚移民，这里就是"想做什么"对一个人的身份选择的影响的突出显现。

思考

请按照这三个分类，来划分一下你自己某时、某地、跟某人/某些人在一起时的身份标签，看看哪些是你的关系身份，哪些是你的群体身份。在教室、宿舍、商场、球场、机场、支教的学校你使用哪些身份？跟中学同学、老乡、校友、异性朋友、外国人、小孩子、家长交往的时候，你使用哪些身份？在使用这些身份时，你觉得自己的言行举止有什么不同？

三、交流与身份的关系

我们可以将交流与身份的关系分为两类：反映型和组成型，而交流既是身份的反映又是身份的组成部分。

反映型指不同身份的人的行为举止交流方式不同；而反过来，人的行为、语言、交流方式可以反映他的身份。因此，我们才能辨认出不同人的身份，把某个人和其他人区分开来。

俗话说的"三句话不离本行"，就是典型的职业身份在交流中的反映。比如当国际汉语教师当久了的人会发现自己在说话时，会使用简单的规范的汉语词语和句式，即所谓的"Teacher's talk"。又如刚见面的两个人一开口，我们就知道谁是南方人，谁是北方人；一打眼，我们就能看出来谁是领导，谁是部下。

这个认识区别身份的过程并不总是那么一目了然。比如一个男人在没有被请求的情况下，主动为女同事拧瓶盖，他有可能是一个大男子主义者，也可能就是个热心的人。他吃饭的时候坚决不让女同事买单，他有可能是一个大男子主义者，也可能就是个慷慨的人。在公司的会议上，他不自觉地打断正在发表意见的女同事……那么他"大男子主义者"的身份基本上就可以坐实了吗？那还必须考察他有没有打断男同事的习惯。

组成型指一个人交流中总是根据不同的语境进行身份转换。换言之，交流经过不同的组织方式会显现不同的结果，呈现不同的身份。我们尝试想象一下以下的场景：

> 在机场的边境检查处，一位边检官员认真地履行着查证过境人员资料的工作。她表情严肃，语言简短，语气低沉。这时有一家三口走到她的柜台前。
>
> 女官员："护照。请抬头看摄像机。王子涵，是你们的女儿？把她抱起来，对着摄像头。"
>
> 洋娃娃一样的女孩被抱了起来，她冲着女官员露出了灿烂的笑容。
>
> 女官员："小朋友，你真可爱。你叫什么名字呀？阿姨的女儿比你大两岁，是小姐姐，她也特别爱笑。"

顷刻之间，女官员的身份就转换成了母亲。

四、身份期待对交流的影响

正如身份的定义所指出的那样,身份除了认知,还是一种期待。作为期待的身份,可以从以下四个方面影响我们的交流。

第一,归因和预测。即用人们的身份解释其行为,或者因为知道人们的身份而预测他们将会如何行动。

比如,张家明同学喜欢饭前喝汤,因为他是广东人;王宝强同学爱吃面食,因为他是北方来的。又比如,王老师想买房,一时凑不齐首付,他考虑向同事借两万块。跟他关系一样好的同事里有上海人吴老师,有东北人李老师,有福建人周老师。吴老师是以前的同学,李老师是系主任,周老师是以前的学生。你们觉得王老师更可能向谁开口呢?

这一类基于身份的归因和预测,是我们日常交流的基础,但是我们时刻要牢记:每个人都是多重身份的综合体,都是独特的个体,否则就很容易导致刻板印象。

第二,自我声明。声明某种身份,然后努力做到"名副其实";同时,我们也期待别人用这种身份来看待我们。

旅美专栏作家荣筱箐写了一件亲身经历的事:

> 有一次我得了一个挺风光的奖,确知自己是唯一获奖的华人,颁奖晚宴那天,穿了件压箱底的旗袍,绲边嵌条的精细棉布,蜡染的白底蓝花,在现场果然很吸睛,毕竟21世纪的纽约客们不常见到从中国古代穿越而来的青瓷大花瓶。

显然荣女士在那个场合,希望通过穿旗袍来进行一个关于中国人的"自我声明"。国家在选派志愿者出国教汉语时,总是倾向于选派有中华才艺的申请人,这同样也是一种中国人的"自我声明"。但另一方面,我们也需要对这种自我声明保持一定的警觉。荣筱箐继续写到:

> 朋友同事一片恭喜褒扬,只有一个85后的女孩在我耳边悄悄说:"我

觉得在这种场合你不应该穿旗袍。""为啥?"我很讶异。"Stereotype（刻板印象）。"她说。

（节选自360个人图书馆，2018年2月4日，有改动）

第三，不自觉的声明。在别人眼里，你具有某种身份，而你自己却并没有意识到这一点。

一位土生土长的新西兰女性忽然发现自己在某些同胞眼里具有"非新西兰本地人"的身份，她愤怒地写道：

> 2015年，我被工党议员Phil Twyford将奥克兰住房问题归因于"Chinese-sounding names"（听起来像中国姓氏的名字）吓到了。按照他的说法，在奥克兰抢房的都是姓Ling、姓Wong、姓Wu的，他们把新西兰本地人踢出了游戏之外。这个缺乏证据和怪异的指称给全社区的人带来了满嘴的苦味，他们中很多本是坚定的工党支持者。
>
> 这让我，一个30岁的奥克兰的华人后裔，感觉不是在自己的国家里。即便我的姓氏还不是那种一看就暴露是"华裔"的，但是我的脸却是啊。对我们这些工党支持者家庭出生的人，被告知那些"像我们"的人是社会的一个问题，这就像肚子上挨了一拳。

（节选自天维网，2017年9月12日，有改动）

第四，强加身份。我们赋予他人这样或那样的身份，然后认为他们应该"名副其实"。

很多在海外出生或从小被带出国的华裔，都并不认同"中国人"这个身份，或者将其放在一个不那么重要的位置。这让他们的长辈、亲人们或多或少地不悦，他们会善意地提醒："血浓于水，你看你的黄皮肤黑头发黑眼睛，你否认不了自己'永永远远是龙的传人'！"

还是来讲讲新西兰人的故事。在中国住了十年的Glenn最近回到了奥克兰。他去家庭医生那里注册登记。在登记时，他被要求填写个人信息。

Which ethnic group do you belong to? Mark the space or spaces which apply to you	
New Zealand European	
Maori	
Samoan	
Cook Islands Maori	
Tongan	
Niuean	
Chinese	✓
Indian	
Other such as DUTCH, JAPANESE, TOKELAUAN. Please state:	

他认为自己应该勾选第一个选项"欧洲裔新西兰人"和第七栏"中国人",理由是:"人生经验是身份的组成部分,而我人生的四分之一是在中国度过的,所以,我至少有四分之一是中国人。"跟他在一起的中国朋友表态说:"作为中国人,我无论如何也不能认同你也是中国人。"他回应道:"这是我对自己的身份认知,跟你们没关系。"

第三章 认识文化——群己关系

 思考一

我们先来看看以下新闻:

1月24日,在与航空公司沟通不畅的情况下,一群滞留日本成田机场的中国游客与工作人员发生冲突,并唱起国歌。中国驻日本大使馆消息显示,当晚得知情况后,中国大使馆派员与律师一起赴80千米外的成田机场,与机场当局和航空公司紧急进行交涉。经反复协调,航空公司承诺妥善对待滞留旅客,发放就餐补偿并安排下一个航班运送旅客。最终事件得以妥善解决,滞留旅客于26日凌晨顺利返回上海。

1月28日,伊朗首都德黑兰遭遇数十年来最大的一次降雪,导致机场关闭,不少中国旅客滞留。网传有中国游客在乱哄哄的机场里高喊"中国","疑似逼迫飞机起飞"。据媒体后来核实,是游客获得中国驻伊朗大使馆帮助后表示感谢和激动,并非逼迫飞机起飞。

事后,各地的大使馆都发出了声明,呼吁中国旅客在国外要"理性维权"。

(节选自《参考消息》,2018年2月1日,有改动)

请分析:
1. 这些滞留机场的旅客的身份是什么?哪个/些是关系身份,哪个/些是群体身份?
2. 根据"交流与身份的关系"小节的内容,分析这些人的行为。
3. 根据"身份期待对交流的影响"小节的内容,分析这些事件可能产生什么影响。

 思考二

HZ是被派往南非的汉语教师志愿者,在一所中学教汉语选修课。他们学校还有一位中文老师DY,DY老师来南非的时间长,对南非很了解,

还是中文部的负责人。HZ遇到的问题是:DY老师常常在同事面前"指正"HZ关于一些问题的看法,好像总爱跟HZ唱反调,连外国同事都看出来了。HZ很苦恼,他常常不同意DY的一些观点,想跟他讨论争辩。但HZ又很想和DY老师维护大家都是中国人的形象,不想让外国同事觉得中国人不团结,何况DY还是他的领导。他憋得难受。

(选自中山大学国际汉语教学案例库)

请分析:
1. HZ和DY的身份是什么?哪个/些是关系身份,哪个/些是群体身份?
2. 从身份的角度,分析HZ对DY的态度。

第二节 "我和我们"——个人和集体

 热身

"个人主义"是个贬义词还是褒义词?你会怎么定义这个概念?

在上一节的两个案例里,滞留机场的旅客和HZ之所以有那样的"非理性"的反应,从身份的角度去分析的话,就是:他们在具体语境中,采取了不恰当的主导身份。根据语境,乘客们应当以关系身份为主导来行事并承担责任,也就是说,假如他们只把自己当成是"与航空公司有服务协议的乘客"而不是"中国人",采取的应对措施就会恰当得多,也就不会产生那些不必要的冲突。至于HZ,如果他可以更多以自己"语言教师"的职业身份,而不是"中国人"的身份为主导来处理跟主管的关系,把侧重点放在跟主管的工作关系上,就可以弱化不愉快,减轻心理负担。

管中窥豹，从这两个案例，我们还可以看出，"中国人"这个群体身份在中国人中是多么有分量！来自别的国家、别的文化背景的人，遇到这种情况，是不是会有不一样的反应呢（暂时不考虑个体差异的话）？

答案是肯定的。

如何界定"自己"，如何处理个人身份和群体身份的关系，这是将一个文化与另一个文化区别开来的重要维度之一。

一、个人主义（Individualism）社会和群体主义（Collectivism）社会

20世纪80年代，荷兰学者霍夫斯泰德根据其团队对全球53个国家和地区的IBM公司进行的大型研究的结果，并于1991年发表了专著《文化与组织：心理软件的力量》(Cultures and Organizations: Software of the Mind)，确立了认识和分析国家文化的五个维度。这五个维度，在跨文化研究及相关领域被广泛应用。其中，文化的个人主义指数（Individualism Index）有多高，在个人主义和群体主义谱系中的位置如何，是研究文化的一个主要变量。

在个人主义社会里，个人身份是最重要的，个人需求优先于集体的需求。每个人都应当照顾自己及其直系亲属。这种社会鼓励独立、自主，人们之间的联系是松散的。他们也会加入群体，但群体身份从不是主导身份。

在群体主义社会里，人们的个体身份在很大程度上是被其群体中的角色决定的。集体的生存和成功对于个人幸福至关重要，而集体也会为其成员提供终生持续的保护。这种社会鼓励相互依赖、互相关心、和谐，群体中人与人之间的关系紧密。

霍夫斯泰德通过研究，提出了一个"个人主义指数"，某一国家文化获得的指数越高，这个文化就越倾向于个人主义，反之，则倾向于群体主义。

每种文化在这个谱系中的位置是不同的，你自己更认同个人主义的价值观还是群体主义的价值观？

为了找到答案，我们必须更深入地讨论这两种价值体系的不同。

二、个人主义社会和群体主义社会的区别

这一部分,我们将介绍霍夫斯泰德提出的两种社会一般性区别以及其他方面的不同。这些不同将以表格的方式呈现。

(一)个人主义社会和群体主义社会的一般性区别

序号	个人主义	群体主义
1	每个人成人后照顾自己和自己的核心家庭	人们出生于大家庭或者其他可以提供持续保护的团体,他们忠诚于所属团体
2	个人身份基于个体	个人身份基于自己所属的社会网络

 思考

请大家拿出笔,根据左右两个栏目的内容打分,如果你认为在中国,"个人身份基于个体"完全属实,那么就打5分;反之,"个人身份基于自己所属的社会网络"完全属实,那么就打1分。在这两者之间,可以打2、3或4分。同时,你也给自己的观点打分,如果你完全认同"个人身份基于个体",则给自己打5分;反之,完全认同"个人身份基于自己所属的社会网络",则给自己打1分。中间可选择2、3、4分。以下表格也按这种方式打分。

(二)个人主义社会和群体主义社会的区别:家庭

序号	个人主义	群体主义
3	孩子学习以"我"为单位来思考	孩子学习以"我们"为单位来思考
4	想什么说什么是一个诚实的人的基本特征	保持人际关系的和谐是第一位的,尽量避免直接的冲突

(续表)

序号	个人主义	群体主义
5	违规导致犯罪感和丧失自尊	违规导致羞耻感①和丢了自己及自己的团体的面子

(三)个人主义社会和群体主义社会的区别：学校

序号	个人主义	群体主义
6	教育的目的是使学习者学会怎么学	教育的目的是使学习者学会怎么做
7	文凭增加经济价值和自尊	文凭是进入更高社会阶层的通行证

(四)个人主义社会和群体主义社会的区别：工作场所

序号	个人主义	群体主义
8	雇员和雇主理应是基于互利基础的合同关系	以道德的方式②理解雇员和雇主的关系，类似家庭关系
9	雇用和晋升应只基于雇员的能力和有关规则	雇用和晋升都要考虑到雇员的群体背景
10	管理是对个体的管理	管理是对群体的管理
11	任务重于关系	关系重于任务

(五)个人主义社会和群体主义社会的区别：政治与理念

序号	个人主义	群体主义
12	个人利益高于群体利益	群体利益高于个人利益
13	个人有隐私权	群体可以介入私人生活
14	个人应该有自己的意见	群体所属决定意见
15	法律和权利理应适用于所有人	所属群体不同，遵循的法律和享有的权利不同

---

① 羞耻感和犯罪感的区别在于，有羞耻感的人未必觉得自己做错了，重要是感觉自己丢脸了，而有犯罪感的人确实认识到自己犯了错。

② "任劳任怨""以公司为家"这种表达反映的就是"以道德的方式"建构的工作关系。

(续表)

序号	个人主义	群体主义
16	在经济体系中，国家的作用有限	在经济体系中，国家占主导地位
17	经济基于个人利益	经济基于群体利益
18	媒体自行其是	媒体受到国家掌控
19	个人自由比平等重要	平等比个人自由重要
20	每个个体的自我实现是终极目标	社会的和谐和一致是终极目标

以上一共20个对比项，你给的分数越低，说明越倾向于群体主义，反之，则倾向于个人主义。

从最低的20分到最高的100分，你给中国打了多少分？给自己又打了多少分？

现在你们对个人主义和群体主义的区别已经有了一个比较全面的认识，也对中国在这个文化维度谱系上的位置有了一个大致概念（请注意，只是大致概念，因为刚才的打分只是课堂练习，并非经过严谨设计的量表）。

文化中的个人主义和集体主义维度一直是霍夫斯泰德关注的重点，从20世纪80年代起他就对此问题进行了多次调查研究，不断深入。在2019年新出版的《文化与组织：心理软件的力量》中，他对76个国家和地区的个人主义指数进行统计，再次向人们展示了这一文化维度的最新状态。在这里我们可以看到中国内地（大陆）的数据，而霍夫斯泰德早期的研究是缺乏这一数据的。

基于IBM和扩展数据库中14个项目的因子得分的76个国家（地区）的个人主义指数

排名	国家（地区）	得分	排名	国家（地区）	得分
1	美国	91	4-6	匈牙利	80
2	澳大利亚	90	4-6	荷兰	80
3	英国	89	7	新西兰	79
4-6	加拿大	80	8	比利时荷兰语区	78

(续表)

排名	国家（地区）	得分	排名	国家（地区）	得分
9	意大利	76	35-37	阿根廷	46
10	丹麦	74	35-37	日本	46
11	加拿大法语区	73	35-37	摩洛哥	46
12	比利时法语区	72	38	伊朗	41
13-14	法国	71	39-40	牙买加	39
13-14	瑞典	71	39-40	俄罗斯	39
15-16	爱尔兰	70	41-42	阿拉伯国家	38
15-16	拉脱维亚	70	41-42	巴西	38
17-18	挪威	69	43	土耳其	37
17-18	瑞士德语区	69	44	乌拉圭	36
19	德国	67	45	希腊	35
20	南非	65	46	克罗地亚	33
21	瑞士法语区	64	47	菲律宾	32
22	芬兰	63	48-50	保加利亚	30
23-26	爱沙尼亚	60	48-50	墨西哥	30
23-26	立陶宛	60	48-50	罗马尼亚	30
23-26	卢森堡	60	51-53	东非	27
23-26	波兰	60	51-53	葡萄牙	27
27	马耳他	59	51-53	斯洛文尼亚	27
28	捷克	58	54	马来西亚	26
29	奥地利	55	55-56	中国香港	25
30	以色列	54	55-56	塞尔维亚	25
31	斯洛伐克	52	57	智利	23
32	西班牙	51	58-63	孟加拉国	20
33	印度	48	58-63	中国内地（大陆）	20
34	苏里南	47	58-63	新加坡	20

(续表)

排名	国家（地区）	得分	排名	国家（地区）	得分
58-63	泰国	20	69	哥斯达黎加	15
58-63	越南	20	70-71	印度尼西亚	14
58-63	西非	20	70-71	巴基斯坦	14
64	萨尔瓦多	19	72	哥伦比亚	13
65	韩国	18	73	委内瑞拉	12
66	中国台湾	17	74	巴拿马	11
67-68	秘鲁	16	75	厄瓜多尔	8
67-68	特立尼达岛	16	76	危地马拉	6

注：霍夫斯泰德（2019）《文化与组织：心理软件的力量》（第三版）（修订版），电子工业出版社，北京。

 思考

以下行为或现象，哪些是个人主义的，哪些是群体主义的？

1. 接工作电话时，只报公司名
2. 会议餐一般都是自助餐
3. 不同团队之间竞争激烈
4. 设立年度最佳员工奖
5. 做生意都有合同
6. 跳槽很常见
7. 如何提出不同意见是一门艺术
8. "996工作方式"很常见
9. 枪打出头鸟
10. 孩子穿什么去幼儿园，父母会先征求他们的意见
11. 语言里对母亲的兄弟和父亲的兄弟有不同的称呼
12. 在某人家吃晚饭，客人们会带菜过去分享

第三节　自己人和别人——关系与规则

 热身

请阅读以下故事后回答问题：

你坐你朋友开的车外出，不幸的事情发生了：他撞到了行人。在场没有其他目击证人，被撞的人受了些皮肉伤，无大碍。事故发生地点的限速是30千米/小时。律师对你说，如果你可以做证，你的朋友事发时并未超速的话，他就应该不会有什么后续的麻烦了。然而，你在事发前注意到车速是50千米/小时。

问题1：你会帮朋友做证，证明他没超速吗？　会_____　不会_____

被问到这个问题的美国人中，96%的人选择了不会；而被问到这个问题的委内瑞拉人中，只有34%的人选择不会。

问题2：你认为为什么会有这个差别呢？

_____

_____

_____

(Fons Trompenaars & *Charles Hampden-Turner, 1997*)

一、普遍主义（Universalism）与特殊主义（Particularism）

人们如何界定自我、处理群己关系是区别不同文化的重要维度。同时，人们如何权衡自己作为家人、朋友、同事、员工的身份与作为更大范围的社区成员、国家甚至世界公民的身份，当两类不同的群体身份对人们提出相互冲突的义务要求时，人们如何做出选择，或者，如荷兰学者冯斯·琼潘纳斯（Fons Trompenaars）和查尔斯·汉普顿·特纳（Charles Hampden-Turner）在他们的文化模型里所归纳的那样，在规则与关系之间如何取舍，也是认识和分析文化的重要维度之一。

这个维度谱系的两端是普遍主义和特殊主义。

普遍主义的态度是：原则、规则、法律在任何情景下对所有人都应该是一样的。无论所涉及的个人是亲人、朋友或其他有关系的人，都不能例外于原则或规则。对所有人都要一视同仁。

特殊主义的态度是：原则、规则、法律是相对的，视乎社会环境和所涉的个人而定。一个人的亲人、朋友和其他同群体的成员可以例外于原则或规则。对自己圈内人好，不必过于在意圈外人，因为他们有自己的圈子照顾他们。

没有任何一个文化会是绝对的普遍主义或特殊主义，所有文化都在这两极之间。然而，确实有些文化比另一些文化更讲究对圈内人尽义务，维持关系，例如俄罗斯、亚洲和拉美国家。中国古代法律体系中就有一项禁止亲属之间互相控诉或者做证，以保护传统的伦理秩序的"容隐"制度。而另一些文化则更讲究普遍的规则，如英语国家和北欧国家。

Trompenaars Hampden-Turner Consulting曾就全球范围内的普遍主义和特殊主义分布做过一个研究，研究的问题之一是"是否做伪证"，结果显示各国在这个问题上的表现很不一样，受访中国人在面临是否会为朋友做伪证的抉择时，只有不到50%选择了"不会"，跟委内瑞拉更接近。而加拿大、英国、澳大利亚、挪威和瑞典则跟美国一样，有超过90%的受访者选择"不会"。这个结果印证了中国人在处理朋友关系上愿意"为朋友两肋插刀"的价值取向。

二、普遍主义取向比特殊主义取向更道德吗？

上述做伪证的问题，很容易让人产生一个道德判断：特殊主义取向社会的人不讲规则，爱走后门，因而往往是腐败、缺乏公平公正的社会。

这种看法在某种程度上反映了现实。然而，特殊主义取向的社会，如果能够在规则和关系之间取得健康的平衡，往往是更灵活、更人性化、更能包容少数和例外的社会。

相反，普遍主义盛行的社会，也会产生一系列社会问题。如：宗教激进主义的产生，用冷冰冰的规则来处理人际问题，把一切作为平面的、线性的对象来测量，动辄诉诸法律造成不必要的资源浪费，等等。

思考

以下所列的管理策略，哪些更适用于普遍主义取向的社会，哪些更适用于特殊主义取向的社会？

1. 向员工显示即将进行的工作是符合他们的价值观和信仰的
2. 给员工一定的自主权，让他们为自己做决定
3. 言出必行，前后一致
4. 给员工预留足够的做决定的时间
5. 做决定的方式要灵活
6. 制定一个客观的决策机制，并向有关人员解释说明这个机制
7. 在做决定时，要考虑到有关人员的特殊需求
8. 突出重要规则和政策，提醒所有人遵守
9. 提供清晰的指引、流程和步骤
10. 要提前与员工建立关系，了解他们，掌握他们的需求

（https://www.mindtools.com/pages/article/seven-dimensions.htm

访问日期：2020年9月8日）

跨文化案例分析

1. 一位中国老师应聘一家美国的教学机构，他的美国朋友帮他修改写好的简历时，不仅删掉了他简历中的国籍、年龄、家庭情况的资料，甚至把他的照片也删了。你觉得美国朋友删掉这些资料是为什么？请说说你的看法。

2. 一位中国老师把国内一位著名小品演员的节目视频当作汉语教学的材料在课堂上使用。节目里这位演员演了一位又瘸又傻的农民，非常生动逼真。老师一边看一边笑，学生们虽然不太懂但也看得很高兴。可是过了几天校长把这位老师叫到办公室，让他交出视频，并保证以后不在课堂上播放这类节目。请说说可能是什么原因。

第四章

认识文化——平等与性别

| 第一节 | "你知道我是谁吗"——理解平等与不平等 |

 热身

我们先来读读故事。

有一对夫妻在一个小岛上经营了一个旅馆。他们有两个女儿,一个叫小初,一个叫小婆。两个女儿长大了,分别跟来小岛旅行住在她们家旅馆里的男人相爱结婚并离开了小岛。

很多年以后,丈夫去世了,剩下了妻子。女儿们和她们已经成年的孩子回到小岛,试图说服外婆跟他们回家。

小初的儿子说:"你会爱上我们的国家的,外婆。我们的人民平等地对待每一个人。我们享有同等的权利,没有人有特权。没有人很富有,也没有人很穷。我们投票选举我们的领导人。领导人走在大街上就跟普通人一样,你可以走上前跟他们打招呼。如果大部分人认为领导人不够好,他们就会辞职,人民就会选择一个新的领导人。"

外婆说:"听起来,你们的领导人没有什么领导能力。要是大家都是好人的话,这没什么问题,但是有坏人的话,就需要有强有力的领导,否则坏人就会捣乱。"

外婆问小初:"你们怎么教育你们的孩子呢?"

小初解释说:"在我们的学校,学生和老师相互平等。在班里,学生想发言就发言,老师也认为这很正常。学生和老师同样主动。"

外婆看起来很吃惊地说:"这些学生不懂得尊重老师吗?那你们怎么维持纪律呢?这些学生离开学校后,在工作中怎么表现呢?在家里他们如何对待父母呢?"

小初的儿子说:"哦,我们国家当然也有主人和阿姨、老板和职员。但一个职员并不比老板低下,如果我跟老板有不同意见,我会告诉他。在家里嘛,从我们两三岁起,我们和父母就是平等的。"

外婆说:"和一个两三岁的孩子讨论吗?你在开玩笑吧?那是父母的爱吗?我们爱孩子,所以我们保护他们,使他们安全,但我们不跟他们讨论成人的话题。"

(Gert Jan Hofstede & Paul B.Pedersen & Geert Hofstede, 2009,有删改)

问题:
1. 你觉得小初的国家的价值观强调的是什么?
2. 外婆的质疑有道理吗?
3. 如果你是外婆,你愿意去小初的国家吗?

一、高权距(High Power Distance)和低权距(Low Power Distance)

经验告诉我们,每个国家、每种文化,对平等的理解和需求都是不一样的,有些国家的文化比另一些国家更注重平等。然而如何对此进行客观的测量和比较呢?霍夫斯泰德在《文化与组织:心理软件的力量》一书中,提出了一个"权力距离指数"(Power Distance Index,简称权距指数)。

这个指数反映的是:在一个国家内部,机构或组织中处于权力弱势的人群在何种程度上预期或接受权力分配的不平等。程度越高,权距指数越大,就是所谓的高权距国家;程度越低,权距指数越小,就是所谓的低权距国家。权距成为认识和分析文化的一个重要维度。

显然,小初所在的国家是一个低权距国家,而外婆所在的小岛大概属于一个高权距的国家。在你的价值观体系里,平等是一个很重要的价值观吗?有多重要?

在回答这个问题之前,我们还是要看看这两种社会到底有何不同,所谓的平等和不平等,会从社会生活的哪些方面表现出来。

二、高权距社会和低权距社会的区别

(一)高权距社会和低权距社会的一般性区别

序号	高权距	低权距
1	人与人之间的不平等是可以接受的	人与人之间的不平等应该缩小
2	权势低的人应该依赖权势高的人;实际上,权势低的人与权势高的人处于依赖和对抗两极	在权势高的人和权势低的人之间,应该而且或多或少存在着相互依赖的关系

 思考

请大家拿出笔,根据左右两个栏目的内容打分,如果你认为中国社会的价值观完全认同"人与人之间的不平等是可以接受的",那么就打5分;反之,完全认同"人与人之间的不平等应该缩小",那么就打1分。在这两者之间,可以打2、3或4分。同时,你也给自己的观点打分,如果你完全认同左边,则给自己打5分;反之,则给自己打1分。中间可选择2、3、4分。以下表格也按这种方式打分。

（二）高权距社会和低权距社会的区别：家庭

序号	高权距	低权距
3	父母要求孩子服从	父母平等地对待孩子
4	孩子敬重顺从父母	孩子平等地对待父母

（三）高权距社会和低权距社会的区别：学校

序号	高权距	低权距
5	教师应该掌握课堂的主动权	教师预期学生有主动性
6	教师是传授个人智慧的智者	教师是传授客观真理的人
7	学生敬重老师	学生平等地对待老师
8	无论教育程度高低，人们都认同威权主义价值观	教育程度高的人比教育程度低的人更不认同威权主义[①]的价值观

（四）高权距社会和低权距社会的区别：工作场所

序号	高权距	低权距
9	组织内的等级制度反映了高层和底层间既有的不平等	组织内的等级制度意味着角色的不平等，这是为了工作方便而制定的
10	常见中央集权化	常见非中央集权化
11	组织内最高层和最低层的工资差距很大	组织内最高层和最低层的工资差距较小
12	下级预期听从上级的安排	下级预期上级会征求他们的意见
13	理想的上级是仁慈的、独断的，或者是一个好父亲	理想的上级是掌握信息的、民主的
14	管理者的地位标志和特权是可以接受的，常见的	地位标志和特权不被赞同

---

① 威权主义或威权论（Authoritarianism）在哲学中是一个政治哲学理论，提出政府应要求民众服从其权威，并限制个人的思想、言论和行为自由。政府上的威权主义指权力集中于单一领袖或一小群精英。

(五) 高权距社会和低权距社会的区别:政治理念

序号	高权距	低权距
15	权力大于权利;上级总是对的,是好的	权力运用应当有法律依据,并且有好坏之分
16	技能、财富、权力和地位是一体的	技能、财富、权力和地位不必然相关
17	中产阶级只是少数派	中产阶级是社会的主要阶层
18	有权者可以享有特权	所有人应该享有平等的权利
19	有权者尽量高调	有权者尽量低调
20	权力来源于家庭、朋友、个人魅力和运用权力的能力	权力来源于正式的职位、专长和行动能力
21	通过推翻原有最高领导人的领导来改变政治制度(革命)	通过改变规则来改变政治制度(改良)
22	由内部成员议定的、独裁的或由少数人主导的政府	基于大多数人选举的多数人的政府
23	社会收入差距大,税收制度扩大收入差距	社会收入差距小,税收制度缩小收入差距
24	主导的宗教和哲学体系强调等级制度和社会分层	主导的宗教和哲学体系强调平等

以上一共24个对比项,你给的分数越低,说明权距越低,反之,则权距越高。

从最低的24分到最高的120分,你给中国社会打了多少分?给自己又打了多少分?

现在你对高权距和低权距的区别已经有了一个比较全面的认识,也对中国在这个文化维度谱系上的位置有了一个大致概念,请注意,只是大致概念,因为刚才的打分只是课堂练习,并非经过严谨设计的量表。

26 CULTURES AND ORGANIZATIONS

Table 2.1 Power distance index (PDI) values for 50 countries and 3 regions

Score rank	Country or region	PDI score	Score rank	Country or region	PDI score
1	Malaysia	104	27/28	South Korea	60
2/3	Guatemala	95	29/30	Iran	58
2/3	Panama	95	29/30	Taiwan	58
4	Philippines	94	31	Spain	57
5/6	Mexico	81	32	Pakistan	55
5/6	Venezuela	81	33	Japan	54
7	Arab countries	80	34	Italy	50
8/9	Equador	78	35/36	Argentina	49
8/9	Indonesia	78	35/36	South Africa	49
10/11	India	77	37	Jamaica	45
10/11	West Africa	77	38	USA	40
12	Yugoslavia	76	39	Canada	39
13	Singapore	74	40	Netherlands	38
14	Brazil	69	41	Australia	36
15/16	France	68	42/44	Costa Rica	35
15/16	Hong Kong	68	42/44	Germany FR	35
17	Colombia	67	42/44	Great Britain	35
18/19	Salvador	66	45	Switzerland	34
18/19	Turkey	66	46	Finland	33
20	Belgium	65	47/48	Norway	31
21/23	East Africa	64	47/48	Sweden	31
21/23	Peru	64	49	Ireland (Republic of)	28
21/23	Thailand	64	50	New Zealand	22
24/25	Chile	63	51	Denmark	18
24/25	Portugal	63	52	Israel	13
26	Uruguay	61	53	Austria	11
27/28	Greece	60			

现在，我们来看看当年霍夫斯泰德的研究计算出的53个国家和地区的权力距离指数（Geert Hofstede, 1991）。在这张表里我们找不到中国除香港和台湾以外的地区，因为当年IBM公司还没有进入中国除香港和台湾以外的地区，所以没有这些地区的调查数据。作为对中国文化的考察，可以参考中国香港和中国台湾地区的数据。相信大家都发现了，与个人主义指数相比，在权距指数这个维度上，所谓的东西方国家尽管有一定的倾向性，却并没有分成泾渭分明的两大阵营，各个文化的内部力量起主要的作用。

第四章 认识文化——平等与性别

思考

以下是在广州美国人学校实习的XF的经历：

在学校，每星期一下午初中部都要开教师例会。这个时候校长都会买来一些点心、饮料等放在进门的桌子上，教师来了可以随便吃。第一次参加教师例会的时候，我和另外一个实习生战战兢兢的，看见其他教师都在吃东西，自己却不好意思去拿。同样的，其他教师看着我们不吃也觉得有点儿奇怪，第一次例会就是在这种奇怪的感觉中结束的。

一个星期后，又到开教师例会的时间了。同样，校长买来点心、饮料等放在桌子上。我和另外一个实习生还是不好意思去吃，因为按照中国文化，别人没有叫自己吃东西，自己是不会好意思吃的。进到会议室后，一位很和善的外籍教师对我们说："你们怎么不吃东西呢？去拿过来吃。"我当时很不好意思地回答："不用了。"这位老师又说："没关系的，吃吧。我知道你们中国人总会不好意思。"尽管这位老师这样说，我们也感觉到了要是不吃的话就可能让其他老师觉得文化差异太大，不像是一家人，但是我们在第二次的例会中还是没好意思吃东西。

终于在第三次的例会中，我们决定放下中国文化中的斯文，主动到摆有食物的桌上拿点心和饮料吃。这次我们发现，其他教师奇怪的眼光没有了，他们还会主动问我们觉得这些点心怎么样，然后和我们一起谈论中国人的这种斯文。在以后的时间里，我们也慢慢地发现我们与外籍教师的关系越来越好，越来越像一家人。

（选自中山大学国际汉语教学案例库）

1. 作为实习生，XF和另外一位实习生不敢喝点心、饮料，XF认为是出于"中国文化的斯文"，你同意吗？
2. 如果不同意，你认为原因是什么？
3. 如果同意，你认为"中国式的斯文"体现了什么价值观呢？
4. 如果你是她们，你会跟她们有同样的感受吗？

第二节 "他"和"她"——理解性别平等

 热身

现在,我们继续读本章开始的那个故事。

小姿的女儿说:"来我们这里吧,外婆。在我们国家,如果有人需要帮助,她就会得到帮助。如果有人养不活自己,国家会养活她。我们对每个人都负有责任。"

外婆惊奇地问:"难道这不会使人懒惰吗?如果国家不管怎样都会照顾你,那你还有什么必要努力工作呢?"

小姿的女儿说:"我不这么认为。我们希望每个人尽力而为,但不必努力使自己比别人强。我们觉得小的就是美的,从小我们就学习谦虚,不争强。"

外婆更吃惊了:"连男孩也这样吗?关爱弱小者对女孩来说很自然,女孩本身就弱小,因此女孩应该温柔,而且我们爱哭,对吧?但是,难道男孩不应该学着强硬、果断,去斗争吗?"

小姿的女儿说:"这真有意思。我们的教育不那么区别男生和女生。我们不喜欢斗争——男孩或者女孩都一样。男孩和女孩一样会哭;父母会用同样的方式安慰他们。我们相信这使每个人快乐。"

外婆问小姿:"孩子哭了,父亲也去哄他们吗?这难道不是你的职责吗?小姿!"

小姿有点不高兴地回答:"他们去找离他们最近的那个人,这有什么问题吗?当孩子们还小的时候,他们的爸爸跟我一样带他们玩。如果我女儿想做木工,她完全可以去做;如果我的儿子要玩娃娃,我们也不会制止他。男人和女人穿同样样式的衣服，去一样的地方。我们有很多女性领导人，她们和男性领导人一样受到尊重。"

1. 当你听到"男性化"或者"女性化"这两个词时，你想到的是什么？你理解的男女平等是什么呢？
2. 如果有两个标签："男性化"和"女性化"，你觉得小姿所在的国家应该用哪个标签？为什么？
3. 小姿的国家符合你对男女平等的想象吗？哪些地方符合？哪些地方不符合？

一、男性化（Masculinity）社会和女性化（Femininity）社会

在这一部分的故事里，外婆和小姿母女俩的分歧主要表现在性别角色应当如何设定。

许多跨文化研究发现：性别角色区分越清楚，社会就越崇尚优胜劣汰，追求成功；相反性别角色重叠越多，社会就越崇尚关爱和妥协，追求生活质量。霍夫斯泰德在《文化与组织：心理软件的力量》中提出了另外一个分析文化的指标：男性化指数（Masculinity Index）。一个社会的男性化指数越高，那么其性别角色区分就越明显；反之，则其性别角色重叠度越高。前者可以称为男性化社会，后者则是女性化社会。

那么，如果一个社会"妇女能顶半边天"，而女人都成了"女汉子"呢？这算是男性化社会还是女性化社会呢？

我们还是来做一下列表打分的功课吧。

二、男性化社会和女性化社会的区别

(一) 男性化社会和女性化社会的一般性不同

序号	男性化	女性化
1	社会主导价值观是物质的成功和进步	社会主导价值观是对他人的关心和保护
2	钱和物质很重要	人和人的亲密关系很重要
3	男人应当是果断的、进取的、强硬的	每个人都应该是平和谦虚的
4	女人应当是温柔的,注重人际关系的	男人和女人都可以是温柔的,注重人际关系的

 思考

请大家拿出笔,根据左右两个栏目的内容打分,如果你认为中国社会的主导价值观完全是"物质的成功和进步",那么就打5分;反之,完全是"对他人的关心和保护",那么就打1分。在这两者之间,可以打2、3或4分。同时,你也给自己的观点打分,如果你完全认同左边,则给自己打5分;反之,则给自己打1分。中间可选择2、3、4分。以下表格也按这种方式打分。

(二) 男性化社会和女性化社会的不同:家庭

序号	男性化	女性化
5	在家庭中,父亲处理实际问题,母亲处理情感问题	在家庭中,父亲和母亲都要处理实际问题和情感问题
6	女孩哭,男孩不哭;男孩受到攻击时应该反击,女孩不应该打架	女孩和男孩都可以哭,但都不能打架
7	支持强者	同情弱者

（三）男性化社会和女性化社会的不同：学校

序号	男性化	女性化
8	最好的学生是榜样	平均水平的学生是榜样
9	学习不好是个灾难	学习不好只是一个小问题
10	喜欢才华横溢的教师	喜欢友善的教师
11	男孩女孩学习不同的科目	男孩女孩学习同样的科目

（四）男性化社会和女性化社会的不同：工作场所

序号	男性化	女性化
12	生活是为了工作	工作是为了生活
13	管理者应当是目标明确的、果断的	管理者运用直觉，并为取得一致性而努力
14	强调公平、同事间的竞争和表现	强调平等、一致性和职业生活的质量
15	以决出赢输来解决争端	以妥协和协商来解决争端

（五）男性化社会和女性化社会的不同：政治与观念

序号	男性化	女性化
16	以快速发展的社会为理想	以福利社会为理想
17	支持强者	帮助需要的人
18	矫正异端的社会	宽容开放的社会
19	大的、快的是美好的	小的、慢的是美好的
20	政府预算相对较小的部分用于帮助贫穷国家的发展	政府预算相对较大的部分用于帮助贫穷国家的发展
21	政府预算的军费较高	政府预算的军费较少
22	国际争端应当通过显示力量或战斗来解决	国际争端应当通过协商和妥协来解决
23	相对较少的妇女参政	相对较多的妇女参政

(续表)

序号	男性化	女性化
24	主导宗教强调男性的特权	主导宗教强调性别的互补
25	妇女解放意味着男人能做的女人也能做	妇女解放意味着男人和女人在工作和家庭中同等投入，同等获得

上述25个对比项，实际上包含了3个小的维度。

第一，如前所述的性别角色分工。跟我们所熟悉的单向的"男人也能做的女人也能做"不同，在女性化社会里，性别角色分工的重叠是双向的，即还要加上"女人能做的男人也能做"。

第二，对成功的态度。女性化社会并不以成功、强大、卓越为追求目标，而是更关注如何保证全体成员的生活都在平均线上，表现为对弱者的关怀和对福利制度的强调。

第三，对攻击的控制。在女性化社会，协商和妥协是正面价值，而竞争和攻击性是负面的，需要控制的。

至此，所谓的男性化社会和女性化社会到底指的是什么，应该就基本明朗了。

从最低的25分到最高的125分，你给中国社会打了多少分？给自己又打了多少分？你给的分数越低，男性化指数越低，说明越倾向于女性化社会，反之，男性化指数越高，则越倾向于男性化社会。

现在，我们来看看当年霍夫斯泰德的研究计算出的53个国家和地区的男性化指数列表（Geert Hofstede, 1991）。

84 CULTURES AND ORGANIZATIONS

Table 4.1 Masculinity index (MAS) values for 50 countries and 3 regions

Score rank	Country or region	MAS score	Score rank	Country or region	MAS score
1	Japan	95	28	Singapore	48
2	Austria	79	29	Israel	47
3	Venezuela	73	30/31	Indonesia	46
4/5	Italy	70	30/31	West Africa	46
4/5	Switzerland	70	32/33	Turkey	45
6	Mexico	69	32/33	Taiwan	45
7/8	Ireland (Republic of)	68	34	Panama	44
			35/36	Iran	43
7/8	Jamaica	68	35/36	France	43
9/10	Great Britain	66	37/38	Spain	42
9/10	Germany FR	66	37/38	Peru	42
11/12	Philippines	64	39	East Africa	41
11/12	Colombia	64	40	Salvador	40
13/14	South Africa	63	41	South Korea	39
13/14	Equador	63	42	Uruguay	38
15	USA	62	43	Guatemala	37
16	Australia	61	44	Thailand	34
17	New Zealand	58	45	Portugal	31
18/19	Greece	57	46	Chile	28
18/19	Hong Kong	57	47	Finland	26
20/21	Argentina	56	48/49	Yugoslavia	21
20/21	India	56	48/49	Costa Rica	21
22	Belgium	54	50	Denmark	16
23	Arab countries	53	51	Netherlands	14
24	Canada	52	52	Norway	8
25/26	Malaysia	50	53	Sweden	5
25/26	Pakistan	50			
27	Brazil	49			

同前所述，因为当年IBM公司还没有进入中国除香港和台湾以外的地区，所以没有中国除香港和台湾以外的地区的调查数据。作为对中国文化的考察，可以参考中国香港和中国台湾地区的数据。

思考

1. 请仔细阅读以下一段文本，画出你认为显示了与会者文化差异的词语或表达。

    在芬兰首都赫尔辛基举行的一个国际会议上，当时赫赫有名的诺基亚公司的总裁约玛·奥利拉（Jorma Ollila）进行了大会发言。发言后，一位与会者站起来，自我介绍"我是来自某国的某某"，然后他直奔主题："像芬兰这样的小国是如何产生诺基亚这样成功的大公司的呢？"奥利拉微笑着回答道："这是一个有趣的问题，我倒想问问大家怎么看。"

    （Gert Jan Hofstede & Paul B.Pedersen & Geert Hofstede, 2009）

2. 如果遇到以下情景，你的感觉会是选项中的哪一个？试用本章及上一章已经介绍过的几个文化维度，分析各个选项可能反映出什么取向的文化的特点。

   ● 你和一个熟人在餐厅里吃晚饭。一个衣冠不整的男人抱着吉他走到你的桌子旁边，要为你们演奏。你会觉得：

     1. 这人是个要饭的，他应该找工作。
     2. 这男人真可怜。
     3. 你不认识这个人，你跟他完全没关系。
     4. 服务员应该赶他走。

   ● 你站在酒店的前台前，与一个你才认识的人交谈。突然，另外一个人走过来，开始与正在跟你交谈的那个人聊天，好像没有注意到你的存在。你怎么想？

     1. 这人一定是你的交谈对象的好朋友。
     2. 这样把你晾到一旁实在是极其无礼的行为。

3. 你的交谈对象应该请他等一等。

4. 这人一定来头不小。

5. 这人一定有急事。

6. 你的交谈对象应该介绍你们认识。

7. 没什么可想的，这很正常。

- 你是一个小镇的镇长。一个从你的镇子出去的体育选手参加了奥运会，获得了第四名。此人明天回家乡。你打算为他准备一个怎样的欢迎仪式？

  1. 没有什么仪式。他才得了第四名，如果是金牌的话……

  2. 一个盛大的欢迎仪式。即使她没有拿金牌，但是能参加奥运会已经很了不起了。

  3. 盛大的欢迎仪式。因为她是从我们镇上出去的，给我们增了光。

  4. 你会请示上级领导的意见。

- 你往来于你家和公司或学校，自己开车的话大约是一小时的路程，坐地铁的话是一个半小时。你会选择哪种交通方式？

  1. 开车，因为如果坐地铁，人们会觉得我买不起车。

  2. 开车，因为快一点。

  3. 开车，因为有私人空间。

  4. 开车，因为这才符合我的身份和地位。

  5. 坐地铁，因为更安全。

  6. 坐地铁，因为我可以在车上接着工作或学习。

  7. 坐地铁，因为这样更环保。

（Gert Jan Hofstede & Paul B.Pedersen & Geert Hofstede, *Exploring Culture*, 2009, 有删改）

跨文化案例分析

1. 你在美国给中学生上课时讲到老鼠是很胆小的动物,而猪是很蠢的动物。你的学生都不同意,他们说最胆小的动物不是老鼠而是鸡,而最笨的动物不是猪而是驴。你怎么看待这个问题?如何应对?

2. 法国中学生夏令营到中国旅游,团员大多是第一次到中国,在参观中国的中学时他们都对中国学生带保温杯到学校用来装热水喝很不理解,你怎么给他们解释?

第五章

在时间的长河里——人与时空的关系

第五章 在时间的长河里——人与时空的关系

人类是在一个特定的时空中生活,时空观是人类对宇宙、社会,以及人类本身的理解,构成了其世界观的重要内容,因而也是文化差异的重要标志,甚至是最重要的内容。不同文化的时空观差别很大,而这种对时空关系的不同理解同样投射在了政治、经济、文化、社会、艺术、人文,以及人际交往上,很多文化差异实则是不同时空观的反映。

热身

下面是一些使用很广的中国词语,你按接受和认可程度给它们打分(1~5分,5分为接受和认可程度最高),看看在时间这一问题上你的基本倾向。

熟语	分数	熟语	分数
1. 欲速则不达		1. 时不我待	
2. 从容不迫		2. 刻不容缓	
3. 慢工出细活		3. 一寸光阴一寸金,寸金难买寸光阴。	
4. 水到渠成		4. 一日之计在于晨,一年之计在于春。	
5. 按部就班		5. 少壮不努力,老大徒伤悲。	
6. 循序渐进		6. 一万年太久,只争朝夕。	
7. 三思而行		7. 时间就是金钱,效率就是生命。	
8. 不紧不慢		8. 平时不烧香,临时抱佛脚。	
9. 心急吃不了热豆腐		9. 今日事,今日毕	
10. 一口吃不成个胖子		10. 争分夺秒	
总计		总计	

问题:
1. 统计出的分数能反映你对时间的倾向吗?为什么?
2. 如果没有外在的压力和干扰,你主观上对一个行事利索的人有好感还是对一个行事从容的人有好感?

3. 你觉得在对待时间的问题上,你是一个"急性子"还是一个"拖延症患者"?
4. 通常情况下你内心向往的是看到自己的成就不断积累还是自己悠闲自在地碌碌无为?

一、从"中国速度"看不同的时间观念

　　时间观念指的是人们对待时间的基本态度以及如何支配时间,例如人们对准时、预约、计划性、最后期限等问题的看法和处理方式。不同文化背景的人受历史、地理等多种因素影响而形成不同的时间观念。时间观念是一种价值观,也是考察不同文化的重要维度,属于人类文化深层部分,其表现形态往往是无意识的。因此,在跨文化交际中,不同时间观常给交际双方带来疑惑,甚至引起交际障碍,但却让人难以察觉,因为很多人会以为时间观念只是个人的习惯和品行,而没有意识到很多时候这是一种文化,并不是"个人的品行"。

　　2018年1月19日,1500多名中国工人用9个小时完成了福建龙岩站的大改造。"中国速度"又一次引起了西方网友的热议。英国《每日邮报》以"这才是高铁! 1500名中国工人在短短9小时内为新火车站修建铁路"为题发表文章。仅几小时,该文在各种社交媒体上转发接近8000次。评论区里的西方网友们一边赞叹中国的成就,一边对自己国家工程的低效率齐声吐槽:

　　"公路部门花了5年的时间,才在M60高速上增加了一条车道……"
　　"英国光是谈判就需要6个月的时间,更别说是施工了。"
　　"在西方,这要花10年的时间来决定预算,然后在新政府当选后又被废弃了。"
　　"一个搞铁路维修的朋友和我说,他们把货车开到田野里开了几英里

路，然后第一件事就是准备早餐和茶……"

"我国修路工人的茶歇时间就长达9小时。"

"英国要花9小时来决定项目的名称！"

最近几年，一系列令世人眼花缭乱的"中国速度"震惊了世界。2015年11月13日，北京三元桥用43小时完成整体改造，北京卫视"旧桥变新桥"的延时摄影节目轰动了世界。国外网友开始吐槽自己国家的建桥速度：

"在我的国家要花3年才能建成。"

"楼主还是幸运的，我们国家则要3个总统任期才能完成。"

"我国小小一座5米的桥要花4年建成。"

"中国速度"是值得骄傲的，这种速度除了高超的组织管理能力和科学技术水平外，文化也是其中一个重要因素。因为在时间观念上，各个民族有不同的价值取向，快并不是一定会受到赞美，慢也不一定是一个缺点；准时不一定是多大的美德，而迟到也不是罪大恶极。问题是人们往往基于自己文化的时间观念对时间和速度做出评判，而这种评判标准却可能与其他文化发生冲突。我们在对外交往中要意识到这种文化的差异。

今天的中国是一个高速发展的社会，人们追求效率，只争朝夕，但中国人不是历来如此，我们曾经很不理解某些文化追求速度的表现。林语堂《生活的艺术》中曾经说到"讲求效率、讲求准时、希望事业成功"是美国的"三大恶习"。在林语堂先生看来，中国人那种优雅闲适的生活是诗意、美好的，是最符合人性的，而美国人追求效率，是庸俗、粗陋的，他希望追求速度的美国人学习中国人的优雅闲适、从容不迫，不要做时间的奴隶。

斗转星移，几十年过去，在时间的问题上，中国人越来越像美国人，讲求高效、快速，心里都是"一万年太久，只争朝夕"的满腔热情；而美国人却更像中国人了，开始追求优雅闲适的生活，度假、旅行、娱乐越来越多，工作时间越来越短。在时间的文化上，似乎中国和美国在几十年里互相站到曾经对立的那个位置。

思考

1. 做事快和做事慢孰优孰劣？是个人素质问题还是文化问题？
2. 举例说明不同时间观念的文化对"快""慢"的看法。
3. 如何理解中国文化的"惜时如金"和"慢工出细活"？
4. 说说不同文化的人如何追求高效以及如何"挥霍"时间。

二、时间的价值以及对时间的安排

美国人类学家爱德华·霍尔（霍尔，2010）根据他的观察把人们大致分为两类，一类是遵守单时制的人们，一类是遵守多时制的人们，相对应的文化就是单时制文化和多时制文化。单时制文化就是同一时间只能做一件事，也只应该做一件事，这类文化以北欧、北美地区国家及澳大利亚、新西兰等国家为代表。表现就是注重每段时间的安排，每段时间有各自的功能，段与段之间切割清楚，标记明显。在这种时间体系中，时间是线性的，每段时间都是有价值的，做完一段时间的事情再做下一段时间的事，不应该错误地使用这些被安排好的时间，也不要打乱这些已经被细分、被各个不同功能安排好的时间，要准时、适时、快捷。这一段时间该干什么就干什么，不要做其他事情。也就是我们平时常常说的，该玩的时候拼命玩，该干活的时候拼命干活，下班了就不要给我打电话谈工作的事。我们来看两个真实的案例①：

案例1：

志愿者孙老师在英国时去一家银行办理业务，等待两个半小时后终于到自己了。他高兴地把资料递给银行职员，职员看到一半突然停下来，把资料还给

---

① 本章案例全部选自中山大学国际汉语教学案例库。

孙老师，礼貌地说请他明天再来，因为已经到了下班时间了。孙老师面带微笑并礼貌地说他明天没有时间，希望对方能帮帮忙，今天就帮他办了。但是银行职员拒绝了孙老师的请求。孙老师回来后觉得英国人太不灵活了，不太通情达理。

案例2：
临近春节，美国某孔子学院准备举行当地第二届华人春节晚会，前期由于有些晚会具体细节没有讨论，又遇到一件突发事件，外方院长的秘书（美国人）下班后给负责文化的老师（中国人）打了一个电话。电话第一句话就开始道歉，说完正事后，结束时又说了非常抱歉、打扰休息之类的话。第二天上班，秘书遇见文化老师时又道歉了好几次，弄得文化老师感觉挺不好意思的。

在很多文化里，时间是"公私分明"的，工作时间和私人时间严格区分，上班时间不会处理私人事情，私人时间不容被工作打扰。案例1中，孙老师认为英国人工作不灵活、不太通情达理，其原因是孙老师不了解英国人的时间观念。英国人一到了下班时间就会立刻下班，不管手头的事情做了多少，哪怕是就差百分之十，大部分人还是会选择明天再做。正因如此，英国人很不喜欢在非工作时间工作，讨厌工作占用私人时间，所以在英国很少有加班一说。案例2中，美国秘书在不得已的情况下，在下班时间打电话给文化老师，内心感到十分抱歉，于是多次向文化老师道歉。因为在他的时间观念中，在私人时间去打扰他人是非常不礼貌的行为。

而与之相对的是多时制文化。所谓多时制文化，就是时间并不一定是线性的，它也可以是分散的、跳跃的。时间的安排不需要那么刻板，同一段时间可安排做许多事，段与段之间没有严格的限制。大家可以先喝个茶，有什么事喝茶时候聊；度假时带上电脑，有空写一个明年公司发展的规划；听讲座的时候把没做完的功课做完，等等。非洲、西亚、东南亚、拉丁美洲、中国一般被认为是多时制文化的代表。我们来看两个案例：

案例3：

某孔子学院三位女志愿者教师刚到西班牙不久，需要去当地政府相关部门办理居留证等相关证件。三位志愿者九点半到达办证大厅，有三个窗口，大厅里人不多，在她们前面只有11个人，心想12点下班，肯定来得及。眼瞅着时间一点一滴地过去了，快11点了，前面还有3个，但是这时候只有一个窗口在工作。11点10分的时候，终于到第一位志愿者了，着急的三位志愿者就想着速战速决，没想到办事人员一点也不着急，慢悠悠地和旁边的人聊天，聊自己最近看了什么电影、吃了什么美食、皇家马德里和巴塞罗那的比赛情况，还好奇地问她们是否喜欢他们的城市、喜欢吃什么西班牙菜等。最后11点50分的时候，她们终于办完了。

案例4：

一位在西班牙工作的汉语教师志愿者刚到西班牙时去超市买东西，结账时看到收银员和排在自己前面的顾客聊了十几分钟，说的是最近他家孩子睡眠不好之类的，丝毫不担心后面排队的人是否着急。志愿者表现得非常急和不理解。后来西班牙学生告诉她，西班牙超市的收银员就是这样的，喜欢和顾客聊天。要是在中国，后面排队的人早就要生气批评了。志愿者惊讶西班牙人可以如此淡定和不着急，如此沉得住气。

两种不同的时间观念会产生文化的冲突，单时制文化的人多会认为多时制文化的人没有很好地利用时间，效率低下，在浪费时间。而多时制文化的人多会认为单时制文化的人功利性太强，死板固执，同样没有很好地利用时间，为什么打球时不能想工作的事，工作时不能想打球的事？世间万物都有关联，扫地僧就是在扫地时发现了功夫的窍门，煮饭僧就是在做饭时悟到了武术的精髓，很多时候成功都是无心插柳的结果，不必专心去做一件事才能获得成功。

思考

2019年,一场关于加班的讨论在中国展开,人们热议几个"996""247"等代表了超强、超长工作时间的数字,引发了人们对工作时间,尤其是任意加班的讨论。马云表态说:"不为996辩护,但向奋斗者致敬!"刘强东提出自己的工作时间就是"8116+8",就是指周一到周六6天,从早8点工作到晚11点,再加上周日工作8个小时。他认为别人也应该这样做。他说:"混日子的人不是兄弟!真正的兄弟一定是一起拼杀于江湖,一起承担责任和压力,一起享受成功的人!"

1. 你知道"996""247"的意思吗?你是"996""247"的支持者还是反对者?
2. 如果此刻你是一个机构的雇员(可能是领导,也可能是一般雇员),你对于加班的态度如何?
3. 你了解中国和国外关于工作时间的法规吗?
4. 世界各地的加班文化是很不相同的,你对此有多少了解?请对此做一些调查研究。

三、不同文化的时间计量

美国人类学教授克莱德·克拉克洪(1905—1960)创立的"克拉克洪—斯托特贝克构架"(Kluckhohn-Strondtbeck)从时间取向(Time Orientation)来观察不同文化的差异。一种文化是有"时间就是金钱"的观念,惜时如金,只争朝夕,还是愿意从容地面对时光流逝,让生活、工作慢慢被时间浸润?一种文化注重的是过去、现在还是将来?这些都是不同时间观念带来的文化差异。

不同的社会对时间的价值观不一样。传统的西方文化把时间看作一种紧缺的资源,"时间就是金钱"是他们对时间的基本认知,他们对时间精确性的把握就是典型的表现。时、分、秒在日常生活的普遍使用，以及对时间计量器具，如钟表的制造，都显现出这些文化把对时间的精确掌握看成是人的最基本素质。

中国文化总体上来说是赞美"惜时如金"的，如"一寸光阴一寸金，寸金难买寸光阴"，但这种对"惜时"的赞美，重点不是惜时，而是拼命进取的那个劲头，本质上与"头悬梁、锥刺股""凿壁偷光"是同类表述，赞美的是发奋而不是对时间的珍惜。中国文化本质上来说追求的是一个最终的结果，而对时间并没有严格的要求，所谓"君子报仇，十年不晚""十年寒窗无人问，一举成名天下知"，只要最后成功就行了，"大器晚成""慢工出细活"便是。

整体而言，现在中国人对时间的计量习惯，即时、分、秒的计量方式只有几十年的历史，在此之前，中国老百姓对时间的计量是时辰，一天分为十二个时辰，而且并没有准确的计量和表现形式，老百姓只在早上、晌午、下午、傍晚、夜里这些模糊的时间概念里度日。"日上三竿""一袋烟的功夫""一炷香的时间""三更半夜"等是中国人对时间的基本计量形式，这清楚地表明中国文化对时间的观念是写意和洒脱的。虽然从科技发展史来看，中国在北宋时已经把每个时辰分成"初""正"两部分，如子时，是23：00—1：00，北宋后一下子有了子初和子正两个部分，十二个时辰就被精确分成了二十四份，跟现在的一天24小时一样，但是，我们实际生活中并没有按这种精确时间安排工作、生活的习惯。

美国人阿瑟·史密斯（Arthur Henderson Smith，1845—1932，中文名明恩溥，美国传教士、基督教活动家、神学家）所著《中国人的德行》一书中说道："中国人登门拜访时也不注意把握时间。在西方国家，到别人家里拜访是有时间限制的，客人一般都不会超过这个限度。……中国人在拜访外国人时，根本意识不到时间有多珍贵。他们到了外国人家里，一坐至少一个小时，却谈不了几句话。就算没什么可谈的，他们也不愿意离开。"当然，阿瑟·史密斯说的是一百年前的中国，但中国人传统上不屑于，或者说不习惯于精准把握时间却是事实。一直到今天,"今年年底我要去欧洲""四月下旬可以做完""两三个星期就能好""一会儿就不见了"这种相当模糊的时间概念依然是我们社会生活中最基本的"时间观念"。每种语言和文化都有表达模糊时间的部分,但中国文化中对时间模糊性表现得更突出一些。

如果对比美国文化的时间观念,我们可以更清楚地看到其中的不同。美国人习惯,甚至可以说是热衷于安排时间,这种文化渗透在每一个生活的细节。比如记事本,中国式的就是一个本子,和时间没有太多关联,就算是已经有了很强西方意味的记事本,顶多就是在页眉上印好了" 年 月 日"方便人填写。但如果看到一个美国式的记事本,中国人刚开始可能很不适应,因为那种本子实际上是一个精确安排时间的日历本,每年是不同的,如2018年、2019年,并且在记事本的每一页都有细化了的时间。如翻开2020年5月8日,那一页会有时间安排,甚至到小时都印好了,你要做的就是按照精密的时间去安排你的生活和工作。这种对时间精密的安排,在一些对时间观念比较随意的文化的人看来会非常难以理解。

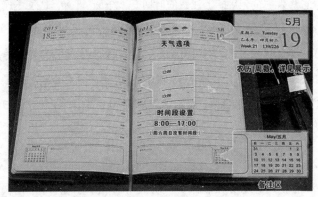

美国人对时间的这种近乎崇拜的把握和追求跟很多欧洲文化也有很大的不同。例如西班牙人,长而正式的午睡是这个国家的标志。西班牙人的午睡并不是为了在睡醒后提高生产效率,更加拼命地干活,而是他们那种悠闲慢生活的保证。睡到下午4点半的西班牙人,会把充沛的精力用在他们冗长且内容丰富的夜晚。他们通常工作到晚上8点半,然后开始和朋友、家人喝酒吃饭享受生活。在世界上大多数国家，晚上10点后的城市就逐渐平静下来，可晚上10点的西班牙城市，大多是最热闹的时候，街头巷尾的酒吧、餐厅顾客盈门，人们尽情享用美食。西班牙的经济和科学技术水平在欧美发达国家中是处于下游的，但他们的幸福指数却高于很多经济发展水平比他们高的国家。美国文化把时间看作一种紧缺的资源，"时间就是金钱"，必须加以高效利用的观念在西班牙并不为人接受。

还有对待"迟到"的态度，各个文化的差异也很大。在有的文化中，迟到是一种非常恶劣的行为，甚至关系到个人品行和素质；而在另一些文化，迟到是一种小小的个性和习惯，与行为恶劣无关。如德国人会认为在开会前5分钟到场是"准时"，而西班牙人会认为迟到15分钟也算"准时"，有些国家的人甚至会把迟到更长的时间当作"准时"。

案例1：

一位汉语教师志愿者在墨西哥一所大学工作，一天他看到大学有一场讲座，内容是他感兴趣的，海报上注明的时间是下午5点开始。这位志愿者在下午5点准时到达会场，但是会场上一个人影都没见到。他还以为是走错了地方，好不容易问了一个工作人员，说确实有讲座，5点开始，让志愿者再等等。到了5点半，讲座的组织者才不慌不忙地来了，快6点了讲座才开始。他后来跟先期到墨西哥工作的志愿者说起这件事，大家说这种情况非常普遍，他才明白这是墨西哥人的文化。

案例2：

一位汉语教师志愿者在菲律宾一所大学的孔子学院工作，他被派往菲律宾一家公营机构培训工作人员，时间是每周三下午4点。可是，每次他4点上课时人都没有到齐，总要拖半个小时左右人才能勉强到齐。开始时他很沮丧，觉得可能是自己做得不好，也可能是学员有什么意见。后来他与学员熟悉之后，发现学员非常友好，也非常喜欢他，迟到并不是对他不满，只是一种习惯，也就慢慢坦然了。

事实上每种文化对待时间的态度是很不同的，我们不能以自己文化的标准来衡量和评价其他的文化，要有跨文化交际的意识。

思考

1. 说说不同文化的人对迟到的理解。
2. 说说单时制和多时制文化的不同。
3. 说说中国人对时间的计量传统以及影响。
4. 如何在跨文化交际中理解"每种文化对待时间的态度是很不同的"这个观点？
5. 请思考一下造成不同文化对时间态度的差异的深层原因是什么。

四、"活在当下"与"展望未来"，关于时间的取向

"克拉克洪—斯托特贝克构架"从对待时间的三种不同的取向上来考察不同的文化，这三种取向是：过去时间取向、现在时间取向、未来时间取向。过去时间取向强调传统和尊重历史，现在时间取向注重短期和眼前，未来时间取向着眼长期和变化。

过去时间取向习惯于关注过去的历史，热衷于为自己的今天找到一个曾经的辉煌，关注来时的路，要为今天所做的事找到一个过去的"坐标"，有什么历史经验可以借鉴，有什么失败的教训可以铭记，因此循规蹈矩成为一种规范，内心深处常常会有"今不如昔"的感慨和错觉，如九斤老太说的"一代不如一代"。这种取向也喜欢"神话"过往，创造出许多被夸张的"伟人"和"神话"。今日的所为或为"重现"昔日的光荣，或是"告慰"列祖列宗。要对历史负责，并努力使今日的成就成为后人可以骄傲的历史。

案例1：

一位到中国学习汉语的法国留学生非常喜欢中国传统文化。一天他在课堂上问中国老师，他看到中国古代有很多神奇的东西，比如《三国演义》里能自己走的木牛流马，鲁班用竹木造的能飞三天的鹊，还有一些令人惊叹的神技，如华佗的医术、神药，为什么现在都没有了？老师说，有些绝技后来失传了。而另一些同学就说，古代的东西都是骗人的，不是真的。老师只能说，有些是真的，后来失传了，有些是夸张虚构的。

中国文化在这一点上是比较接近过去时间取向文化的，各种影视作品如《汉武大帝》《康熙大帝》《雍正王朝》等，那些千年或数百年以前的帝王将相个个都有超凡的智慧、无上的美德、卓越的管理国家的能力，都是前无古人、后无来者的千年一帝。感觉只要随便再来这么一个"伟人"，民族复兴，一统天下一定如探囊取物一般。帝王以外的"伟人""英雄""巨商""大家"也一样，影视剧或文学作品总会营造出"再也不可能有他那样神勇的人"的感觉。但事实究竟如何，那些人是不是真如此神勇、高大，对历史的贡献是否真有这么大，很值得怀疑。就算在一般的社会交往中，这个东西/地方/口味/质量"以前比现在好多了"依然是很多人习惯性的选择，"以前怎么怎么样"，本质上还是有"今不如昔"的文化基因在起作用。

现在时间取向的文化则关注当下的感受，过去和将来并不被太多关注，因为过去已然过去，追忆缅怀毫无价值和意义，而未来会怎样并不是当下的人可以决定的。面对现实，活在当下才是最重要的。菲律宾、墨西哥人大多信奉天主教，他们把一切交给上帝处理安排的宗教情怀影响着他们的时间取向，形成了他们对过去、未来并不十分在意的文化特征。这种文化取向的表现常常是对历史不太铭记，表现得非常"宽容"。

案例2：

一位在马尼拉孔子学院工作的志愿者利用周末去参观著名的二战纪念地——科雷希多岛。那里有战争遗迹，有战争纪念馆、纪念碑和公墓。可就在那里，他发现居然有一个日本政府建的"日本和平公园"，里面竖着一块为日军招魂的"慰灵碑"，他很吃惊。当他跟一位菲律宾学生讨论这个问题时，那位菲律宾学生认为战争早已过去了，太计较历史恩怨没有意义，他反而对中韩两国那么在意日本人对几十年前的战争的态度感到不解。抛开历史恩怨和是非不说，可以看到菲律宾文化倾向现在取向。

案例3：

墨西哥是西班牙殖民地，西班牙人曾经屠杀了很多墨西哥人。墨西哥人民经过艰苦斗争获得国家独立，但是，他们对西班牙人并不痛恨，也没有把被西班牙人殖民的历史当成耻辱，甚至将西班牙视为文化的"母国"，他们这种对历史的态度会让一些有不同历史观的人感到困惑。

还有，现在取向文化不愿意，也不善于对未来做明确的计划和安排，显得很懒散和不讲效率。

未来时间取向的文化也不爱沉溺于昔日的荣光，历史和传统并不是他们行为的"坐标"，他们较少束缚，坚信可以创造一个特别的未来。美国文化是典型的未来取向文化，他们一般不像其他民族那样注重历史与传统，普遍相信机会人人均等，个人的努力和能力是最重要的，只要努力奋斗，就能获得成功。在这样的文化中，特别尊重创新和变革，因为新陈代谢是绝对的，新事物总要优于旧事物，不进步就被淘汰是普遍接受的生存法则。

案例4：

一位到中国学习汉语的美国留学生一天在课堂上问中国老师，他看到中国很多吃的东西都标榜自己有几百年、几千年的历史，是用"古法"或"传统"的方法做的。他说古代的东西肯定不会好吃，当然是越现代的东西越好吃。一些学生附和美国学生的看法，也有一些学生有不同的意见。

不同时间取向的文化很多时候会有文化的冲突，过去时间取向文化的行为会被认为守旧、过时、缺乏创新；现在时间取向的文化常常会被认为随意、懒惰、不思进取；而未来时间取向的文化常常被认为是狂妄、自大、幼稚。不同时间取向的文化表现也很不一样，如美国，产品花样翻新，层出不穷，这样才能吸引眼球。而在中国，产品更愿意以"百年""千年""古法"等搏得人们的信任。

 思考

1. 举例说明"克拉克洪—斯托特贝克构架"过去时间取向、现在时间取向、未来时间取向在不同文化中的表现。
2. 莎士比亚说："凡是过去，皆为序章。"（What's past is prologue）表达了对历史的重视，我们如何在跨文化交往中平衡"尊重历史"和"向前看"的关系呢？
3. 中国文化和中国社会中有很多神奇的古代智慧，如古方、古法、古代技艺等，你对此有何看法？
4. "人心不古""今不如昔""厚古薄今"反映的是一种怎样的文化？请谈谈你的看法。

五、霍夫斯泰德长期导向与短期导向理论

长期导向—短期导向是霍夫斯泰德提出的考察国家间文化差异的重要维度之一。所谓长期导向与短期导向，就是考察一个民族对长远利益和近期利益的价值导向。

具有长期导向的文化和社会倾向于面向未来，较注重对未来的考虑。他们较愿意以忍受目前的困难、克制现时的欲望和需求，来追求未来的回报与成功。他们做事留有余地，以动态观点看待事物，愿意调整传统以适应当前环境。他们认为未来会有变化，他们的忍耐与付出是有价值的。这种文化的突出表现就是忍耐、节俭、爱储蓄，把希望放在长久坚持之后的成功。

短期导向性的文化与社会与长期导向性文化相对，他们尊重传统，注重当下或短期的利益和成功，对现时生活的美好有强烈追求，花费较多。他们较尊重传统和社会规则，履行社会义务的观念较强。这种文化的突出表现是爱享受，为了现时的体面和短期的利益肯花钱，不愿为了长远的未来而减少现时的享受，不爱存款，只有少量的钱用于投资。

下面表格摘录自霍夫斯泰德《文化与组织：心理软件的力量》"长期导向性（LOT）指数表"，可以看到不同国家和地区长期或短期导向文化倾向。

国家/地区	分数	国家/地区	分数	国家/地区	分数
韩国	100	越南	57	新西兰	33
日本	88	瑞典	53	阿根廷	20
中国	87	英国	51	菲律宾	27
德国	83	印度	51	美国	26
新加坡	72	西班牙	48	澳大利亚	21
荷兰	67	马来西亚	41	委内瑞拉	16
法国	63	加拿大	36	埃及	7

注：Geert Hofstede (2010) *Cultures and Organizations: Software of the Mind*, The McGraw Hill Companies, Inc, New York.

从这张长期导向性指数表中可以看到，韩国、日本、中国长期导向指数排名前三，而欧美国家的得分相对偏低。有趣的是，亚洲国家中得分最低的菲律宾是一个典型的短期导向性文化，或许这是由于菲律宾被西班牙殖民达三百多年，后又被美国殖民的影响所致，法国和越南，英国和印度分数接近或许也是同样的原因。

短期导向性文化的表现之一就是整个社会的储蓄率低。英国是一个经济高度发达的西方国家，2016年GDP全球排名第5，人均GDP45791美元，世界排名15。但是，就是这样一个经济发达、人民普遍富裕的国家，6500万的总人口中，却有1680万人的活期存款不足100英镑，约占全部总人口的26%，让人惊讶。(人民网,2016年9月30日)世界第一经济强国美国也是一个短期导向性的文化。美联储一个调查显示:逾四成美国人拿不出400美元应急。(中国新闻网,2017年5月22日)排除经济的原因,这种情况的出现更多是由于文化因素造成的。很多短期导向性文化的人民都是不折不扣的月光族。不但个人是"月光族",国家也喜欢举债消费,不爱储蓄。

电影《卧薪尝胆》海报

中国是一个典型的长期导向性文化的国家,中国文化中非常敬重并确信长期的坚持就能获得成功,眼前的困难和艰苦之后会有一个美好的结果。"君子报仇,十年不晚""十年寒窗无人问,一举成名天下知""卧薪尝胆""只要功夫深,铁杵磨成针""愚公移山""滴水穿石""十年树木,百年树人""大器晚成"的观念深入人心,文学作品中也有大量艰苦忍耐数年、数十年,最终获得成功的故事。

在这种文化的浸润下,中国人普遍愿意为了将来而牺牲现在,忍受现在的困难。例如,为了家庭未来有更好的生活,夫妻分离,父子分离,壮年的男子远赴他乡、他国艰难奋斗,挣钱养育家乡的父母妻儿,众多海外华人的先辈就是这样做的。还有年少的孩子,他们为了未来,同样离开父母家庭的照顾,去异地追求未来。这样的故事一直在上演。现在,父母或父母中的一人,为了子女考试成功或事业成功等,放弃自己的事业和幸福,离开家乡,陪伴子女的事情屡见不鲜,如到国外陪伴孩子读书的陪读,陪伴在准备高考子女身边照顾的陪考。因为孩子就是未来,而自己是即将过去的"现在",跟未来比,"现在"是微不足道的。世界上的父母都是爱孩子的,但是为了孩子可以牺牲自己当下幸福的程度,是跟长期导向性和短期导向性文化密切相关的。

世界著名斯诺克运动员丁俊晖的父母为了培养他,倾尽家产,卖房陪同他到广东东莞学习打球,后来还到英国学习。丁俊晖的母亲一直陪在他身边,为他做饭、洗衣、操持家务,比赛的时候常常会提前备好便当。丁俊晖母亲说:"看到小晖幸福,便是我最大的幸福。"2017年,55岁的丁俊晖母亲因病去世。

丁俊晖和母亲

据国际货币基金组织和世界银行2015年度《世界概况》称,卡塔尔、科威特和中国是储蓄率最高的三个国家,而美国是储蓄率最低的国家之一。中国人民银行货币政策委员会委员樊纲在"2017金融街论坛"说:"我国储蓄率占GDP比重过高,2007年达到了51%,现在十年过去了,去年的储蓄率仍然有44%,实属历史罕见的高储蓄。这么多储蓄怎么花?要么加大投资,但是储蓄率这么高,反过来就是消费率低,最终需求不多,容易造成过剩产能。要么买美国国债,但我们已经有四万亿的外汇储备,其中将近两万亿借给美国人花。"储蓄率的高低跟文化有很大关系,世界上储蓄水平最高的9个国家和地区分别是卡塔尔、科威特、中国、韩国、博茨瓦纳、挪威、尼泊尔、土库曼斯坦和印度尼西亚，跟经济发展水平并不完全相关。

案例1：

孔子学院总部每年都会邀请一些国家的本土汉语教师到中国接受培训，在中国的一切费用都由孔子学院负责。有一年暑假，菲律宾孔子学院组织了二十几名菲律宾本土教师到广州培训，后来几位教师反映他们在申请中国签证时出了问题，原因是大使馆需要申请者提供一个折合人民币约一万元的银行存款证明，但是这几位教师说他们没有这么多存款。这让孔子学院的中国教师很吃惊，因为这些教师都是工作了好多年的老教师了，平常还开车来孔子学院学习，怎么会一万块的银行存款都没有呢？

案例2：

一年暑假，美国一批汉语教师到北京某大学参加汉语教师培训班，培训班结束时，刚来的宿舍管理员在美国教师曾经居住的房间内发现遗留了大量的物品，包括衣服、书籍、生活用品等，她马上报告领导。领导到房间看了以后说，这是美国老师不要的东西，你可以自己处理。这位刚来的宿舍管理员觉得很吃惊，因为她觉得这些遗留的物品都完好无损，远没有到可以丢弃的程度，怎么就不要了呢？太浪费了。

案例3：

一位在美国留学的中国学生利用假期在饭店当服务员勤工俭学，跟他一起工作的还有一位来自西班牙的留学生。他俩关系很好，小费也是一起平分。这位中国留学生发现西班牙留学生很"阔气"，喜欢买品牌的衣服，还时不时到别的餐厅去吃饭喝酒，可他知道西班牙留学生的家境很一般，就问他为什么这样消费。这个西班牙学生说，他买的东西是牌子货，但不是奢侈品牌，打工的收入不错，足够他这样消费。中国学生问："那你不存点钱吗？"西班牙学生说："为什么要存钱啊？没钱可以再去打工，存钱干什么？"这位中国学生家境不错，可是很多用品还是从国内带来的，也极少去美国的饭店吃饭，更不用说去喝酒了。

第五章 在时间的长河里——人与时空的关系

 思考

1. 举例说明长期导向性和短期导向性文化在现实生活中的不同表现。
2. 节俭仅仅是一种个人品行吗？为什么？
3. 中国人的忍耐和坚韧是一种怎样的文化因素？
4. 到底什么样的行为是正常消费？什么样的行为是奢侈、浪费、节俭、吝啬？跨文化交际中如何处理不同文化的冲突？

 跨文化案例分析

1. 一位留学生说去中国朋友家过春节很有意思，但是中国人的一个习惯让他很不舒服，就是吃饭的时候给他夹菜，因为很多菜他不喜欢吃，别人夹到他碗里他很为难。另外他觉得别人用他们的筷子给他夹的菜不干净，他有些不舒服。你怎么解释？

2. 刘老师在德国教汉语，一天系主任在办公室说想把系里的德文宣传材料翻译成中文，问刘老师能不能做。刘老师刚到德国，德文不好，平常跟同事沟通主要是说英语，他觉得挺为难的。但是主任问了，他也不好拒绝，于是就说可以。但是他开始工作后发现翻译起来很困难，处于一个进退两难的境地。如果你是刘老师，你会怎么办？

第六章

交际和文化

热身

　　下面是一些留学生在国外闹的笑话,请深入思考一下为什么会闹这样的笑话,误会是怎样产生的呢? 这和我们这一章学习的内容有很大的关系。

1. 我刚到英国时第一次去一家餐厅吃牛排,服务员过来问我要怎么做我的牛排。我在国内也吃过牛排,知道这个时候应该回答是做几成熟。我自信地说:"7, please。"然后还装作很老到的样子。那个服务员茫然地看着我说:"7?"然后又问了我一遍。我这才明白可能讲错了,于是说了好多话来说明自己想要什么样的牛排。

2. 我刚到中国留学的时候,认识了一个很友好的中国同学。刚开学没几天,他约我去公园玩儿。我们说好周末早上在留学生宿舍门口见面。那时我汉语不好,听不懂他说的是什么,但是我清楚地看到他用手比画的时间,就是一个大拇指和一个食指。我以为是7点,到了周末那天的7点钟就站到宿舍门口,可是一直等到8点钟他才来,我有点儿不高兴了。后来才知道中国人的那个手势是"8"的意思。

3. 一个法国男生去印度留学。刚到印度没多久,一次学校组织大家去参观一个古迹。印度城市的街道很拥挤,一个印度男生一直拉着这个法国男生的手不放。这个法国男生被吓坏了,他以为这个印度男生是gay,内心非常惊慌。可是后来他发现这个印度男生除了热情外,似乎不像gay。回来才知道,在印度的文化里,两个男人手牵着手只是一种友谊的表达,并没有其他更多的意思。

第一节　交际

英文的"communication"一词来源于拉丁语"communicare",意思就是提供或者交换信息、想法。communication翻译成汉语的意思可以是通信、交流、沟通、交际等。在跨文化的语境里,选择用"交际"来翻译它,是因为汉语"交际"一词比较好地反映出communication的本质意义。汉语"交际"的两个语素分别是表示"连接、交叉、相互"的"交"和表示"彼此、分界"的"际",正好把"communication"需要人与人跨越彼此的边界,相互接触、沟通,交流情感、信息的本质意义表达出来了。"敢问交际,何心也?"朱熹集注:"际,接也。交际,谓人以礼仪币帛相交接也。"(《孟子·万章下》)当然,也有学者使用"交流"来诠释"communication"在跨文化语境里的意义。

交际,汉语工具书的定义是:人与人之间的往来接触。(《现代汉语词典》第7版,649页)。交际首先是一个社会行为,是人们出于某种目的,与其他人进行的一种信息、意见、情感的交流,这种交流通常是通过语言、行为、符号、信号等方式进行的。一般人类的交际分为言语交际和非言语交际两类。

第二节　交际的基本要素

一、交际的过程

交际是一个信息交流的过程,而一个完整的信息交流过程在传播学上就是一个信息编码和解码的过程,信息交流就是一个编码和解码的心理活动。

编码是把自己的情感、欲念、追求等按文化的要求编成语码(语言的或非言语的)发送出去。前面已经说过,这种文化的语码在各个文化是不同的。编好后你把这一串语码向你期望的接受者发送出去,期待他能够顺利地接收到(有受到干扰而收不到的可能)并顺利解码,然后给你一个反馈。这就是交际的过程。

比如你在图书馆读书时发现旁边的人在打电话而影响了你,你希望他不要讲话,就小声地跟他说:"请安静。"那人听到你的话后停止打电话,你的这一次交际非常成功。"请安静"(编码的形式),小声跟他说(发送编码),那人停止了打电话(接收到编码并解码成功,他听懂了你的话),并给了你一个反馈(停止了打电话)。

同样的情况你可能用另一种方式。你在图书馆读书时发现旁边的人在打电话而影响了你,你希望他不要讲话,就对那人比了一个手势(把食指放嘴边),那人看到你的动作后停止打电话,你的这一次交际也非常成功。手势(编码的形式),给他看到你的手势(发送编码),那人停止了打电话(接收到编码并解码成功,他明白了你的意思),并给了你一个反馈(停止了打电话)。

再比如,你对打电话的人比了一个手势(右手食指放在左手手掌下,篮球裁判停止的手势),那人看到你的动作后还继续打电话,你的这一次交际不成功或不十分成功。手势(编码的形式),给他看到你的手势(发送编码),那人没有停止打电话。(1)他接收到编码但没有解码成功,因为没看懂你的手势,不成功的交际。(2)他看懂了,解码成功。但他不愿意给你一个你希望的反馈。部分成功,因为你让他明白了你的意思,但是他的反馈不是你期待的,这点上你的交际是不成功的。

交际的过程

二、交际的要素

通常来说信息传播也就是交际的构成包括七个要素:即传播者、编码、信息、通道、接收者、解码、反馈。

(1) 传播者。也就是有交际需要和愿望的人。一般情形下是他受到某种刺激或驱动，想发起一次交际行为。传播者是交际主体。

(2) 编码。编码就是传播者选择了符合交际对象、交际环境的一套语码进行编辑，其中最重要的是文化的环境和交往规则。如使用交际对象听得懂的语言，这是最起码的。但仅仅使用能听得懂的语言并不能保证交际的成功，更重要的是文化符号和交往规则。跨文化交际一般讲的情况是交际双方使用相同的语言，但是来自不同的文化背景。传播者在编码时预设自己的编码应该能为对方了解，但事实是他们的预设常常出问题。

(3) 信息。信息指传播者编码的结果，跨文化交际说的信息是一个包含了语码、非言语信息、交际环境信息的综合体，充满社会规则和文化密码。

(4) 通道。渠道在技术上是指发送编码和信息的方式。信息传递的手段或媒介很多，尤其在通信技术飞速发展的今天，有面谈、语音、视频、邮件等。其中面谈是最普遍、最主要的形式，同时也是伴随非言语交际和文化密码最丰富的方式。

(5) 接收者。接收者就是听众，不管这个信息是有意或无意接收到的，只要接收者对所收到的信息做出了反应，交际双方就建立了联系。跨文化交际一般关注的是接收不同于自己的信息传播者发出的信息的那类接收者。

(6) 解码。解码是编码的相反过程。成功的解码就是接收者将收到的编码还原为传播者编码时的本来意义。这实际上是很困难的，就算传播者和接收者共用一套文化密码，信息里蕴含的复杂意义和编码者复杂心理活动的因素，都将这种"完整"的还原变得艰难。如果交际双方属于不同的文化圈，传播者和接收者基本很难做到共用一套文化密码，最多只能用一套"相似"的文化密码，因此，解码过程中必然会遗漏或误读很多文化密码，使解码的过程更加困难。

(7)反馈。反馈指的是接收者响应传播者的信息后的反应。如果接收者的反应符合或接近传播者的预期,那么这个交际就是成功的,相反则不成功。从跨文化角度来看,成功与否取决于接收者的解码能力,而解码能力的高低取决于交际双方对彼此社会、文化和交往规则的了解和熟悉程度。

 思考

1. 交际的定义是什么?
3. 交际的要素有哪些?
2. 为什么说交际是一个信息交流的过程?
4. 解释一下编码和解码的过程。
5. 说说一个完整的交际过程是怎么样的。

第三节　交际和文化

一、交际和文化是互相依存的关系

交际是一个编码解码的过程,而语码是由文化象征符号组成的,因此交际和文化的关系密不可分。美国文化人类学家爱德华·霍尔(Hall, 1959)更绝对地说:"文化即交际,交际即文化。"美国语言学家萨丕尔·爱德华(Sapir Edward)也认为文化是交际的同义词,二者在很大程度上同构、同质。作为最重要交际工具的语言,萨丕尔认为"言语是一种非本能的、获得的、'文化的'功能。"(《语言论》,商务印书馆,1985年)。英国社会人类学家布伦尼斯洛·马林诺夫斯基(Bronislaw Malinowski)认为语言的意义离不开"语言环境",要想理解话语,归根结底要懂得说话人的整个文化背景和生活方式。这也是外语学习中一种普遍认知,就是"学习并掌握一种外语其实是学习一种文化"的基础。

海姆斯在《论交际能力》中提出,交际能力不仅包括使用语言知识准确地表达,还包括在不同的语境中选用不同的方式表达以及表达得是否得体。他认为交际能力是指一个人"为了在有文化意义的情境之中进行有效交际需要知道的东西","需要对于使用语言密切相关的社会文化因素的了解和掌握"。美国外语教学协会在其提出的外语能力中,将文化素养,也就是社会文化能力,与听、说、读、写并列,成为"交际能力"的一部分。

我们认为交际和文化是一种互相依存的关系,但各有其内涵和所指。

 思考

1. 举例说明文化对编码的影响。
2. 举例说明解码困难的原因是什么。
3. 爱德华·霍尔"文化即交际,交际即文化"的道理是什么?
4. 为什么萨丕尔认为"言语"是一种非本能的、获得的、"文化的"功能?

二、文化如何影响交际

既然文化和交际存在如此密切的关系,那么文化是如何影响交际的呢?这里有一个基本的前提,就是人的属性。我们知道,人有自然属性和社会属性。自然属性是生物属性,即人的自然欲求,包括生存、繁衍的欲求,而要保障正常的生存和繁衍,就自然追求生命、食物、环境的安全等。人的自然属性是人类所有行为的出发点,是人类的本能。

但是,作为万物灵长的人,还有一种其他生物所不具备的属性,就是社会属性,这是人与其他动物的区别所在。马克思说:"人的本质在其现实性上是一切社会关系的总和。"既然人的本质属性是社会关系,而社会关系是人们在社会生活中一切物质活动和精神活动的相互关系,简单地说是人与人之间的一切关系。正如生活在中国社会中的人,他们有中国人的价值观和交际方式,而生活在法国社会中的人,自然是法国人的价值观和交际方式。人是社会的人,文化是一整套的象征符号系统;文化也是社会的,因此文化对交际方式有决定性的影响。

文化影响人们的交际方式有以下几个方面:

1. 文化影响人们对宇宙、世界、人生的认知,从而形成不同的交际方式。

中国人相信世界是由阴、阳构成两极,而组成世界的是金、木、水、火、土"五行",行为会受其影响,如对方位、物质的性质做"阴""阳"或"五行"的区分,而这种区分对于非中国文化的人来说是很特别和不同的。印度教认为善恶有因果,灵魂有轮回,主张禁欲和苦行,以求灵魂净化,这与一些注重现实价值实现的文化也很不同。再如中国人的厚葬传统与伊斯兰教速葬、薄葬的文化也形成两种不同的交际方式。

我们知道价值观是文化的重要内容,一种文化中的精神文化一定要体现在交际中。比如中国文化中尊卑有序的等级制度,体现在交际中,就是尊敬长者、尊者而保持自己的谦卑低下;西方个人主义价值观主张个性自由,尊重独立个体,在人际交往上强调平等,这两种文化背景下的交际方式是不同的。

2. 文化影响人们的语言行为。

语言是文化最重要的载体和反映形式,也是最重要的交际工具。文化决定论者认为文化决定语言的发展形式,英国语言学家沃德霍认为"文化影响着语言的使用方式,也决定着某些具体的语言问题"。法国语言学家梅耶说:"有什么样的文化,就有什么样的语言。"例如汉语,内容形式都充满了中国文化的色彩。形式上的对仗、押韵、平仄、韵律,这种平行对称、整齐和谐,就体现中国文化中正平和、循规蹈矩、不走极端的特点,也是中国文化"太极生两仪",万物皆分阴阳这种民族文化心理的体现。"好好学习,天天向上""一不怕苦,二不怕死""宁可少活二十年,也要拿下大油田",这种严格的语言对应形式是世界上其他民族所没有的。而其他民族的语言也有一些汉语所没有的特点,例如英语,"WTO""IBM""GRE""5C"。

在日常交际中,中国人在与人寒暄时多采取深入询问个人情况的方式体现关怀,如"你吃了没有""你在哪里工作""结婚了没有""每个月多少钱"等,这有违一些国家的交际原则,被认为是粗鲁,甚至有"刺探隐私"之嫌。而在商店见到熟人用"你也来买东西啊"这种从逻辑、内容上看都显得不太合理的提问方式更让外国人难以理解。同样,西方人在交际中"直抒胸臆",当面发表与尊长或权威不同意见的表达方式有时也让中国人尴尬难堪。再比如送礼,中国文化强调自我贬抑而抬举他人,自己请人吃饭,要说的是"没什么菜""做得不好吃",这种与客观事实不相符合的"虚假"方式与西方人在交际时言语自信、呈现自己的卓越不凡有很大的不同。

3. 文化影响人们的非言语行为。

非言语行为与言语行为一样,是交际的重要形式,其形式、意义有时甚至超过言语行为。非言语行为相对言语行为有"模糊""不确定"的特点,其中蕴含的文化内容更容易造成交际的障碍与误解。

中国人给别人递东西最礼貌的方式是双手,一般情况下用哪只手都没有问题,但是,印度人给别人递东西绝对不用左手,那是非常不敬和恶心的。西方人结婚新娘穿白色的婚纱,象征纯洁美好,而传统的中国人则认为白色不吉利,这种场合喜欢让新娘穿"喜庆"的大红色衣服。再比如吃饭,西方是分餐制,各人吃自己的食物,而且是用盘子装自己的食物,吃饭时用刀叉,并且不能端起盘子来吃,更不能端起汤碗(通常是一个带两个小耳朵的小钵子)来喝汤,那是没有教养的体现。而日本人吃饭时必须端碗才得体,喝汤也是端着碗直接喝。同样是亚洲国家,韩国人就认为端碗吃饭是没有教养的体现。这些其实都是文化在非言语行为上的体现。

跨文化案例分析

1. 张老师在国内就喜欢运动,身体健美。他在欧洲某国当中文老师时也一样喜欢运动。他常常和学生一起打球,一次打球打热了,他就脱了上衣。打完球以后,他光着上身走回宿舍,在路上还跟几位师生打了招呼。第二天,校长就把他叫到办公室,批评他光着上身这个行为。请分析一下这件事。

2. 美国中学生汉语夏令营到中国访学,学生大多是第一次到中国。结业典礼时要照相,一些美国学生看到照相的地方摆了一排凳子,就齐刷刷地坐在那排凳子上了。中国组织者看到这种情况有些尴尬,想让他们离开又不好意思。好在美国学生的带队老师来了,他把学生叫到后排站立,美国学生很不理解。你怎么给美国学生解释?

第七章

言语交际和非言语交际

第一节　"语言是沟通的桥梁"——语言和文化

语言是一种社会现象，是人与人的交际工具，也是使人与文化融为一体的媒介。

从大文化的角度来看，语言是文化的组成部分。通过考察一个国家内部有多少种语言，我们就可以勾勒出这个国家文化某一方面的面貌。

2017年10月26日，新华社援引美国智库移民研究中心发布的一项研究报告说，超过五分之一的美国居民在家不使用英语，较1990年翻一番，是1980年的三倍。报告说，2016年共有6550万美国居民在家使用英语以外的语言，其中4050万人使用西班牙语，340万人使用汉语，170万人使用菲律宾的他加禄语，150万人使用越南语，120万人使用阿拉伯语。自2010年以来，使用人数增长最快的语言是阿拉伯语，上升42%；其次是印地语，上升33%；然后是乌尔都语和汉语，分别上升22%和20%。在同一时间段内使用人数增加最多的是西班牙语，增长350万人；然后是汉语，增长56.4万人。在公立学校接受教育的学生中，大约有四分之一在家中不使用英语，在移民较多的加利福尼亚州，这一数字达到44%。该报告还显示，约有44%的二代移民，即在美国出生的移民子女仍保持了其父母的母语，这意味着相当多的移民到达美国后仍保留了其原本的文化。

我们看到，语言的多样性直接反映了美国文化的多样性。同样的情形也发生在中国，中国汉语有丰富的方言，一般分为七大方言。而在七大方言之下，还有众多的次方言和土语，方言、次方言、土语之间的词汇和语言结构有共性，也有差异。

除了汉语以外，中国还有众多的少数民族语言。2007年商务印书馆出版，中国社会科学院民族学与人类学研究所孙宏开、胡增益、黄行主编的《中国的语言》一书，就将中国56个民族使用的语言分为汉藏语系、阿尔泰语系、南岛语系、南亚语系、印欧语系、混合语等，收录了中国境内的129种语言（还不包括各语种之下的方言）。

不同的语言意味着不同的文化，即使是同一种语言，说不同方言的人也有着各自鲜明的族群文化特点，他们共同构成了中国特色的多元文化。

从小文化的角度来看，语言与文化是同步发生、相互作用、相互影响的。这就是我们常说的：一个时代有一个时代的语言。语言生动、真实、即时地记录、反映着社会生活的每一处变化，观察语言变化的同时其实也就是观察社会、文化的变化。"新世纪以来空前活跃的语言生活背后，更是涌动着思想深处的变化。"（郭熙，《光明日报》，2018年11月18日）

从2008年开始，语文刊物《咬文嚼字》每年都会推出由读者推荐、经专家评议后的年度"十大流行语"，透过"十大流行语"，我们可以看到社会热点、社会关切、社会风尚，可以看到一个时期的社会文化特征。我们对比一下2008年和2018年的"十大流行语"，可以清楚地看到这一点。

2008年：山寨、雷、囧、和、不抛弃不放弃、口红效应、拐点、宅男宅女、不折腾、非诚勿扰。

2018年：命运共同体、锦鲤、店小二、教科书式、官宣、确认过眼神、退群、佛系、巨婴、杠精。

"不抛弃不放弃"这句2007年夏天热播电视剧《士兵突击》中的台词，自出现便红遍大江南北，用于各种励志的场合。"不抛弃不放弃"，是中国军人团结友爱、奋力拼搏精神的体现。而"锦鲤"，则来自2018年10月一位支付宝用户，她幸运地获得了200多家支付宝全球合作伙伴组团提供的"中国锦鲤全球免单大礼包"，得到了突如其来的好运。每个流行词语的后面，都记录和反映了某个特定时期社会生活的一个特殊现象。

《咬文嚼字》的前任主编郝铭鉴说，语言是一种载体，是社会现实与民众情绪的体现。流行语的渐趋稳定可以看出，社会情绪中幼稚与激动的成分正在降低。十年前的中国，网络时代翻开狂飙突进的序章，全国正处于高速发展时期。那时的流行语"井喷"与这样的社会现实、时代现状紧密相关。追溯历年的流行语，几乎每个词都与一个社会热点事件有关，它们流行在人们的茶余饭后，传播于高速运转的社交网站，比如前几年出现的"不差钱""给力""小目标"等热词。2017年入选的流行语中，"不忘初心"与"砥砺奋进"反映了民众对国家命运和前途的关切与热情；"共享"的走红，则与共享经济这一新的经济模式在中国大规模进入民众的日常生活有关。(光明网，2017年12月13日)

总之，我们谈论文化，是离不开谈论语言的。而谈语言，就自然也包含了文化的内容。

一、语言如何反映文化的不同？

语言从三个方面反映文化的不同。

首先，每一种语言都是一个有独特规则和特征的符号系统。我说汉语，你说英语，汉语和英语就是两种截然不同的符号系统，用完全不同的词去指代同样的客观存在，发音和语法体系也完全不同。

其次，不同语言中，词语的文化内涵有差异。这导致两种语言中很多词语无法直接对译。一些文化含义很丰富的词，如仁爱、孝顺、境界、绿帽子、红人之类的，就不说了，即使是日常生活中最简单的词语，也有很多不对应之处。我们的"毛衣"，英语中对应的词语是什么呢? sweater? jumper? 都不是。虽然中英文词语都含有"暖和的衣物"的意思，但是后者的词语内涵包含了穿着的方式，却没有涉及质地；而"毛衣"则正好相反。英文的"meat juice"，翻译成中文的"肉汤"（只放肉，没有其他食材），貌似没有什么疑义了，其实不然。对说英语的人，meat是beef；而说汉语的人，肉是猪肉。

有些语言在某一方面的词语特别丰富或相反，这也反映了文化差异。

例如中国人的亲属关系词语，与英语相比，简直不知道要精细到哪里去。同样的，蒙古语中与马有关的词语和因纽特人语言中与雪有关的词语都极其丰富；而亚马孙流域的毗拉哈人，他们的语言里甚至没有数字。

对同一个词语，来自不同文化背景的人，会有不同的联想。例如，看到"红色/red"，中国人会想到节日、喜庆、好运等，也有一些人会想到革命、社会主义，如"红色政权、红色旅游、红歌、红军"等。看到"axe"，很多人想到斧头，音乐爱好者会想到摇滚乐，手游玩家会想到手机游戏。

最后，每个文化都有独特的言语交际规则。也就是说，如何用语言进行交流，每个文化都有独特的规则和模式。我们将在第二节详细介绍和讨论这部分内容。

二、语言的交流功能

 热身

> 小兰是一个混血儿。她父亲的母语是英语，母亲的母语是汉语。她在双语环境中长大。说英语的父亲信奉"什么都必须并且可以用语言说清楚"，他也坚信孩子跟成人平等的价值观，认为无论做什么都需要向孩子解释原因和结果，即使孩子还懵懂无知。而小兰的母亲，则认为"言有尽意无穷""做比说重要"，而且跟大部分中国人一样，她认为大人应当替孩子做主，并不需要事事向孩子解释或征求她们的意见。
>
> 渐渐地，小兰长大了，她成了个双语女孩。你认为她在语言使用上，可能会有什么特点呢？

说到语言的交流功能，所有人首先会想到，这还用说吗？没有语言，怎么说话呢？的确，语言的首要交流功能就是会话。有了语言，我们才能进行会话。而会话是社会管理、运作的基础。

其次，我们通过语言来表达感情。即使是自言自语，也可能是宣泄压力的一种方法。当然，不同的文化中，表达感情的社会规则是不一样的。我们将在第二节看到有关的实例。

再次，语言能延续历史。人类用语言记录过去发生的事件，也需要语言为将来的人留住当下。换言之，通过语言，当代的人得以与过去、未来的人交流。

复次，我们通过语言来完成社会化（Socialization）和涵化（Acculturation）。

社会化是一个过程，在这个过程中，个人为了适应社会生活，在家庭、学校等社会环境中，经由教育活动或人际互动，个人认同并接收所在社会的价值体系、社会规范和行为模式，并内化为个人的价值观及行为规范。

涵化指具有不同文化的人群之间发生持续的直接接触，从而导致一方或双方原有文化形式发生变迁的现象。

简言之，没有语言，我们就没办法完成人的教育和培养。而在不同语言文化环境中培养出来的孩子，往往有着不同的个性特点。

前面说到的双语女孩小兰，就是这样。说英语的小兰，爱说话，爱发表意见；而说汉语的小兰，则相对沉默寡言。

最后，语言是身份的表达。在广州地区，出生于二十世纪六七十年代的人，通常都是粤语和普通话双语。出生于纯本地人家庭的，则以粤语为第一语言，普通话为第二语言。当时的广东，地方文化发达，又属于经济发达地区，人们乐于保留本地的方言，乐于显示自己是广东人的身份。但是他们的下一代，情况却发生了转变。学校教育中的普通话推广成效很大，许多年轻人不再以会讲粤语为荣，相反，他们觉得讲粤语显得"没有知识"，作为受过教育的人宁愿只讲普通话。普通话的推广对一代年轻人的语言身份的改变，是一个典型的社会化的例子。

现在，我们来读读以下文本，你能猜出来说话人的身份吗？

还有，你等一下把你最近的plan forward一份给我，CC给你的leader。你是个sales，有点sense好吗，要更aggressive一点好吗？

猜出来了吧？说话的一定是在外企工作的中国人。同时，这也是一个很典型的语言涵化的例子。

最后，语言还能帮助我们控制现实。有了语言，我们就可以交流，通过交流，我们可以控制现实。例如你的老师刚才说："请同学们打开课本，翻到第七章。"这里，老师就用一句话制造了一个现实。另外，祝福语、咒语等，也是试图用语言控制现实的一种方式。有的我们并不当真，比如逢年过节的各种"快乐"；有些却被使用的人严肃对待，比如佛教徒的六字真言。

 思考

1. 小兰有一个妹妹小米。妈妈和妈妈的亲人与小米谈论小兰时，总是说：你姐姐她……；而爸爸和爸爸的亲人与小米谈论小兰时，总是说：小兰她……
   1) 为什么会有这种区别？
   2) 你认为，小米在跟小兰独处时，更可能会叫小兰什么呢？"姐姐"还是"小兰"？为什么？
2. 你会说方言吗？说方言的你跟说普通话的你，有什么不同吗？为什么？
3. 你外语说得流利吗？说着流利外语的你跟说汉语的你，有什么不同吗？为什么？

第二节 "不言而喻"——言语交际的规则

交际是文化的有机组成部分,我们几乎找不到不包含文化的交流过程和内容。

这可以表现为选择何种词语、句子进行交流。

前面一节,说到每种语言都可以用来表达情感,但是每种文化表达感情的方式却不一样。中国人会觉得"我爱你"是一个难以启齿的句子,除了热恋的情人之间,我们很少使用这句话;但是正如我们在国外的影视剧里所看到的那样,很多文化的人们把"I love you"挂在嘴边,无论是对子女、父母还是对朋友,统统张嘴就来。

这也可以表现为独特的说话方式或者伴随的肢体语言。

中国人表达感情的方式一般比较内敛,基本不伴随身体接触。所以,当我们看现在的一些国产影视剧,人物无论男女老少都用非常激烈的方式表达情感,而且动不动就激动地拥抱在一起时……就会产生十分尴尬的感觉,觉得这些人物过于做作,很不真实。

上述提到的词语、句式的选择、说话的方式等,实际上就是我们日常对语言的应用方式,我们将之称为"言语"。交际与文化如影随形,换言之,每个文化都有独特的言语交际规则。

在跨文化交际中,由于不同文化的言语交际规则、交际模式各异,交际双方很容易相互误解。人们按照本文化的规则说话,发出信息,而接收信息的一方也带着既有的交际模式去阐释所接收到的信息。这意味着,来自另一个文化的人未必按你的本意来理解你的话。误解就是这样产生的。

因此,在跨文化交际中,除了学习彼此的语言(或使用同一种外语),还要尽量去了解对方文化的交际模式,换言之,就是了解彼此的言语使用规则。

一、高语境（High context）文化和低语境（Low context）文化

LY在一所国际学校实习，她记录了工作中遇到的一个有趣的小插曲。

上课了，我问："大家上次的作业做完了吗？"有的同学交上来，有的还在找。这时Shanai走上前来对我说："老师，Last time我没来，病了，所以我没有做作业。"因为我知道她没来，所以完全没有恶意地回答："好的，没关系，老师知道你没来。"

"老师，您怎么可以说没有做作业没关系呢？我上次课没有来听，您不告诉我他们学了什么吗？"她用英语好奇地问我。我也觉得很奇怪，她为什么会这样说。我只是不想让她因为没交作业而有心理负担。但是这个念头很快就闪过去了，因为我从她的那种眼神和语气中知道我刚才错了，不该那样回答。急忙解释："好的，我们先上课，今天的内容学习完了，我再告诉你上一次课的内容，好吗？"我特意停下手中的活，和Shanai解释了一番。她很开心，说："好的，谢谢老师！"然后就回到座位上了。

Shanai脾气很好，没有什么不良情绪，因为我及时说明了原因，并做了承诺，所以接下来的课上，她和平时一样认真。这让我原来悬着的心安定了很多。在其他同学做练习的时候，我抽空过去给Shanai补课，告诉她上次学习的内容。最后还告诉她那天布置的作业是什么。她很开心地自己学习了一遍，并把作业当场完成了。

下课后，她最后一个离开，经过我身边，她说："老师，您为什么说作业不重要呢？"这次她用中文问我。我知道她还是纠结于我先前那个"不在乎"的态度。这时，我给她解释了："不是说不重要。因为老师知道你上次没有来，怕你担心，所以告诉你没有做作业没关系，老师不会骂你。""哦，原来是这样。我知道了，谢谢老师！""对不起，老师的话让你误会了。以后不会了。你是一个很好的学生，你的汉语水平很不错。"我顺便道了个歉，也表扬了她一番。她高兴地说："没关系。谢谢老师。老师再见！"

（选自中山大学国际汉语教学案例库）

大家可能都觉得这位小同学实在认真得可爱，老师本意是为了安慰她、对她表示同情的一句"没关系"（相信这也会是我们大多数人的一个自然的反应），竟然让她纠结了整整一节课。

为什么呢？

最重要的、被最多跨文化研究提及的区分交际模式差异的一对概念是高语境文化和低语境文化。前者又被认为是委婉（Indirect）的文化，而后者则是直接（Direct）的文化。这一对概念最早是由美国人类学家爱德华·霍尔提出来的，他根据文化中语境在交际中的重要性高低，将它们分为高语境和低语境。

在高语境文化中，交际信息大部分都是通过环境传递的或者已经内化于交际人，少部分蕴含于语言中。换言之，高语境的交际风格是不仅关注语言内容本身，更关注交际双方的背景、对方说话的方式、交际发生的场合以及其他情景因素。

在低语境文化中，交际信息直接蕴含在交际语言之中，以补充语境中所缺失的信息。信息交流极少依靠交际语境，而是主要依靠语言本身的编码信息。换言之，低语境交际风格强调关注话语本身的内容，而不太注重有关情景因素。

在高语境文化中，交际中说话者的责任较小，他不必完整而详细地表达自己的观点；听话者却需要根据交际的语境来揣测和分析对方话里话外的意思，因此他所肩负的交际责任是比较多的。而在低语境文化中，说话者对交际的顺利进行承担更多的责任，他们需要全面准确地表达自己的意思；而听话人则期待通过说话人的语言表达就可以理解其想要传递的信息。

现在我们大概能理解那位较真的小学生了。她显然来自低语境文化环境，她的关注点完全在对话本身："老师我没做作业——没关系"，而完全忽略了她生病因此没做作业这个交际的背景，因此她很自然地认为"老师居然说不做作业没关系"。所幸的是，LY同学很快地转换到了低语境的频道，承担起了自己作为说话人在交流中应当承担的责任。

二、高语境文化和低语境文化的区别

高语境社会一般人口组成单一，历史传统悠久，发展变化较慢，文化内部的人们有共同的经验和信息系统。在这种文化下生活的人们，对生活环境有着相同的理解方式，这种相同的理解方式让他们形成了彼此认同的交际行为模式。因此，交际双方在进行信息交流时，很多信息不必明确地用语言表达出来，彼此就能够心领神会、心照不宣。相反，低语境社会人口组成多样，人们较少分享共同的经验和背景，所以他们在交际时没有现成的彼此熟悉的交际规则可以依循，必须通过清晰明确的语言信息编码的传递才能让交流顺利进行。

以下是两种不同文化的具体区别。

高语境文化	低语境文化
多使用含蓄委婉的表达，有许多言外之意	信息表达简单，直接
重视非言语互动	言语交际为主，非言语交际较少
价值观倾向于群体主义	价值观倾向于个人主义
倾向于花很长时间建立长期的个人关系	倾向于发展短期的个人关系
强调螺旋式的逻辑	强调线性的逻辑
倾向于在表达中加入更多"感情"	倾向于在表达中强调"逻辑"
强调传递简单、含蓄、模棱两可的信息	倾向于有条不紊地传达信息，给予足够的细节支持，强调重点词语和技术标识
交际时，交际双方的物理距离比较小	交际时，交际双方的物理距离比较大

显然，中国是一个高语境文化国家，所以，小兰的妈妈并不觉得语言表达有那么重要。那么小兰爸爸可能来自什么地区呢？下面的列表中有一些可能的选择。

第七章 言语交际和非言语交际

```
Lower Context Culture
    German
    Scandinavian (with an exception for Finland)
    American
    English Canadian
    Australian

Higher context Culture
    French Canadian
    French
    Finnish
    Russian
    Italian
    Spanish
    Mexican
    Greek
    Arab
    Chinese
    Japanese
    Korean
```

思考

1. 以下表达、行为或判断反映了高语境的沟通风格还是低语境的沟通风格?

   (1) 心知肚明

   (2) 人们不愿意说"不"

   (3) 找第三方传话这种事经常发生

   (4) 促膝谈心

   (5) 有什么说什么

   (6) 在会议上公开对上级提出反对意见

   (7) "嗯"表示我同意

   (8) "嗯"表示我在听

   (9) 坐下慢慢说

   (10) 开门见山

   (11) 我考虑考虑,表示我会考虑

   (12) 我考虑考虑,表示我对这事没兴趣

> （13）给你发信息的人是谁，跟信息内容本身一样重要
> （14）信息的内容比谁是发信人更重要
> 2.假设跨文化交际的双方，一方来自高语境文化，一方来自低语境文化，那么双方采取以下哪种策略，会更有利于有效的交流呢？为什么？
> （1）高语境文化的一方学习使用低语境的沟通模式。
> （2）低语境文化的一方学习使用高语境的沟通模式。

第三节 "说不出来的文化"——非言语交际和文化

 热身

> 1. 你的朋友在远处，你想召唤他到你这边来，会做什么手势？你的手势跟其他同学一样吗？
> 2. 你开心（悲伤、恐惧、愤怒、厌恶、吃惊）的时候，脸上会是什么表情？每人选一种，根据该情绪做出表情，看同组的同学是否可以准确辨认。

你召唤朋友到你身边的手势跟其他同学一样吗？在这个情形下，我们可能大声呼唤"家明，你过来"，也可能只是向他用某种方式招手，还可能两者都做。我们看到，手势可以替代语言，或者作为补充，实现传递信息的作用。不知道你发现不同的人的手势有什么差异了吗？

以下是一位同学的发现：

> 在我老家湖南冷水江，四指并拢面对他人向自己回勾只是在招呼他人过来，而在江西广昌，这是暗示对方是狗，是极不敬的行为。

不出所料，和语言一样，手势的使用也有文化差异。

一、非言语交际的定义、作用与功能

非言语交际，不少研究者也称为"非语言交际"，是指通过身体动作、体态、语气语调、空间距离等方式交流信息。尽管语言沟通起到的是一个方向性和规定性的作用，但是，事实上非言语沟通往往更准确地表达了传递信息的真正内涵。

同样是一句话："我听你的。"我们加上一些说话者的非言语信息，解读就完全不一样。

> 低眉顺眼地说："我听你的。"
> 目光游移心不在焉地说："我听你的。"
> 含情脉脉地看着对方说："我听你的。"

在日常人际交往关系中，非言语交际具有非常重要的地位，是人际沟通的重要形式之一。我们通常更多地依赖非言语信号来判断交际对方的情绪，即所谓的察言观色。对彼此的印象也常常是非言语因素造成的。例如，我们在参加入学仪式或招聘面试时，会特别留意自己的穿着、表情、姿态和行为举止，而这些也确实是考官在短时间内做出判断的重要依据。非言语交际同样也可以控制现实。相信人们都有这样的经历，在一个吵闹的教室里，教师大声呼吁"请安静"往往不如停止说话、目光严厉地巡视教室一段时间更有效。

非言语交际的具体功能有以下五个。

第一，重复。我们一般道别时，会一边说再见，一边摆手。或者，在表示同意时，我们会一边说"对，对"，一边点头。这就是语言和非言语信息的重复。

第二，补充。好友要远行，我们一再地说"珍重"，好像还是无法像一个紧紧的拥抱那样更能表达我们不舍的情绪。拥抱，就是对语言的补充。

第三,替代。同样是别离,还有柳永的"执手相看泪眼,竟无语凝噎"。没有话,只有含泪凝视,紧紧拉着手。这是对语言的替代。

第四,规范。刚才提到的教师,实际上就是用眼神和沉默规范课堂秩序。交通警察用手势指挥交通,也是非言语的规范。

第五,反驳。正如一首歌里唱的那样"你的眼神出卖了你的心",很多时候,人们以为自己的口是心非天衣无缝,殊不知,你的身体语言会对此提出"反驳"。

虽然非言语交际起到了重要的交流作用,但是它比语言交流更含糊,并且更多地受到文化背景、经济背景、教育、性别、个人喜好和特质的制约,这是我们在解读和学习非言语交际时需要时刻警惕的。

 观察

找一个外国电视剧,关掉声音,遮住字幕,只观察人物的手、手臂、腿以及整个身体,然后尝试用客观的语言描述他们的行为举止。(如:男人伸出四个手指,手心向下,向自己回勾,召唤他的孩子。)写下你认为他们在表达什么信息,再打开声音和字幕,重新看一遍这个片段,印证以下你根据手势、姿势做出的判断是否准确。

手	手臂
腿	整个身体

二、非言语交际的分类

（一）姿势和手势

以下是一条当年的文章，生动地解释了姿势、手势如何传递各种信息。

刚刚拿到白宫offer的川普和即将被其取而代之、告老还乡的奥巴马举行了亲切会面，互示好感，一派温馨祥和，两位老人的温馨互动不禁让围观群众感慨：啊！这盛世～

美国肢体语言研究专家帕蒂·伍德（Patti Wood）却在看过两人的会见视频后，解读说奥巴马其实"极度疲惫、放弃和不抱希望"，川普则"紧张、严肃甚至惴惴不安"。

根据帕蒂的分析，川普和奥巴马都采用了阿尔法男性坐姿（Alpha Males），双腿向两边叉开，这是一种雄性荷尔蒙爆棚的坐姿，易于展现男性的阳刚，显得自己霸气侧漏。

但是帕蒂认为，奥巴马叉开的幅度明显比川普要大，就好像下意识地在说："朕还在位呢！你不要给我搞事哦！"

除了坐姿，帕蒂还分析了川普的手势。

帕蒂将川普的这个手势称为向下祈祷式（Downward Prayer Position），并认为川普这个姿势暗示了他可能了解到一些以前不知道的东西，有一种犹豫不决的感觉在里边。对于帕蒂的观点，我不敢苟同……

通常来说，这个手势其实被称为"Steepling hands"。有指尖向上举到脖子、胸口处的，也有指尖向下置于腰臀部的，当然也有人会指尖向前或将手置于桌上。

一般来说，这种手势的使用者往往很自信，或者地位较高。但是自信过头的时候，这种手势也会给人一种自负的感觉，摆出一副自己啥都懂的样子……另外，手势向上和向下有时候也和使用者是否在发表意见、看法有关，侃侃而谈时人们喜欢用向上那一款（比如演讲中的小布什），而作为聆听者时则更偏爱向下那一款。

(节选自新浪网,2016年11月13日,有改动)

当然其中的文化差异也非常大。以下这种坐姿,在美国可以显示出这个男人的自信和权威感,但是在中国的工作场合,无论如何都是不礼貌的。

同样是有权力而自信的人，男性和女性的坐姿也是有很大区别的。这些肢体语言的文化差异，很可能会导致来自不同文化的人的误解。

欧洲裔新西兰人会看不惯新西兰毛利年轻人松松垮垮的坐姿，其实，并不是后者懒散没有礼貌，而是根据他们的传统礼仪，晚辈、地位低的人的视线不能高于长辈、地位高的人的视线，所以这些人为了表示礼貌，调整坐姿尽量降低头部的位置。

因为非言语交际形式有不同的文化意义，因此在跨文化交际时要非常小心地运用。我们可以从两任美国总统三次访问日本的经历中感受非言语交际的重要性。

2009年，美国总统奥巴马访问日本时拜会日本明仁天皇，他向明仁鞠了一个90度的躬，引发美国国会保守派的批评，被认为是卑躬屈膝。

2017年11月，美国总统特朗普访问日本。"鉴于奥巴马2009年在拜会日本明仁天皇时，曾向明仁90度鞠躬，引发美国国会保守派的批评，特朗普此次拜会明仁时，并未鞠躬，而是下车后径直握手。"（环球网，2017年11月6日）

但是，2019年5月，美国总统特朗普再一次访问日本时还是出问题了，在特朗普夫妇与日本天皇和皇后会面时,特朗普夫人梅拉尼娅跷起了二郎腿,这引发了热议,被认为缺乏礼仪,对日本皇室不尊重。

我们不必过敏地认为跷二郎腿就是表示轻视,事实上由于文化的不同,身体语言代表的意义是完全不同的。但是,外交无小事,一个可能是无心的动作,也可能被认为是有意,跨文化交际的参与者对此必须要保持足够的敏感。

(二)面部表情

面部表情千变万化,每个人都有三张"脸"(如果我们不整容的话)。一张是我们与生俱来的脸,那张用来刷ID的脸。一张是被我们操纵的脸,演员表演是最极端的例子,而在日常生活中,我们或多或少也不时会处于某种"表演"状态。还有一张是因受到周围环境和信息刺激而产生的脸,当你看到车祸在眼前发生,你的脸肯定是惊恐的表情;当你不小心摔伤,脸上一定是痛苦的表情。

研究者发现,这最后一张脸,无论是来自哪个文化的人,都有相同的六个表情,它们是:开心,悲伤,恐惧,愤怒,吃惊和厌恶。这六个表情是人类天生的、全世界通用的。

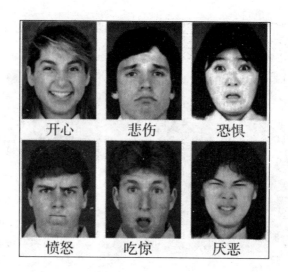

虽然全世界的人类表达这些情绪的表情是一样的,但是在什么时候展示这些表情,却因文化而不同。

有人曾经做过实验,他们观察记录日本人和美国人观看恐怖电影的表情。当来自这两个文化的人单独观看时,他们的面部表情是一样的;当他们在公众场合观看时,美国人依然流露出同样的恐惧的表情,而日本人的表情则克制得多。

不同文化的人在应对同一情形时,也会采取不同的表情。有一位在职读研的男同学分享他多年前初学外语时的经历。

> 我们虽然是英语专业的大学生,但是口语水平并不高。在外教的课上,我们都很专注地听,但是仍然有很多地方听不懂。外教向我们提问,很多人自然就回答不上来。答不上来,我们都很不好意思,又不知道怎么表达,只好傻傻地、尴尬地笑。这把外教惹怒了。

正如我们都知道的那样,在中国,微笑不光表示欣慰、满意、友好,还能表示不知所措、为难、抱歉;而在美国,后面这种情况下人们通常不会微笑。所以,外教期待学生们直接告诉他听不懂,而不是莫名其妙地微笑。学生们抱歉、内疚的微笑,被他理解为不严肃甚至不尊重。

同样是表示友好的微笑,不同文化的人使用的对象和频率也不同。中国人一般不对迎面走过来的人或者恰好上了同一趟电梯的陌生人微笑,而这在很多国家非常普遍。

 小测试

用手机扫描下方二维码,进入中科院心理所评测网站,看看你对表情的解读能力有多高。

三、目光接触和凝视

 热身

1. 你跟以下人正常交谈时,目光会投向何处?
   (1) 父母
   (2) 恋人
   (3) 同性朋友
   (4) 异性朋友
   (5) 长辈
2. 当你看到一个人回避你的目光时,你会有什么想法?
3. 回忆一下,当你跟父母冲突时,你会愤怒地直视他们的眼睛吗?跟同学或者朋友发生冲突时呢?在公共场合跟人发生冲突时呢?

眼睛是心灵的窗户,目光接触和凝视对交流起着重要的作用。

首先,目光表达情感,显示关注、感兴趣、激奋的程度。其次,目光作为印象管理的核心,能够给别人留下印象。再次,目光能够影响别人的态度,甚至起到说服的作用。最后,目光接触尤其是凝视,能够定义权力和地位关系。

两人之间直接的眼神接触,根据文化和具体情境的不同,可以有很多种理解。它可以是一种威慑,也可以是表达支持和同情,还可以显示出坦诚开放的意愿。而且,目光凝视时间更长的那个人,一般是对话双方中权力地位比较高的那位。在很多文化里,儿童直视长辈的眼睛被视为无礼。还有研究显示,对话双方中权势地位比较低的一方更多地注视对方,但在被对方注视时,则会移开目光;更有趣的是,他们在聆听时会更多地直视对方,而发言时则避免直视对方。

 观察

观察在以下情形下,人们目光接触的情况,越详细越好。	
两个同龄的男人之间	两个同龄的女人之间
年长和年轻的男人之间	年长和年轻的女人之间
男人和女人之间	公众场合妻子和丈夫之间
老师和学生之间	雇主和雇员之间
擦肩而过的路人之间	

四、身体接触与个人空间

在美国一所学校里,有很多说西班牙语的拉美裔学生和教师,也有很多只说英语的盎格鲁学生和教师。研究者给这所学校的师生描述了这样一个情形:

> 复习时间,很多学生围着史密斯老师七嘴八舌地问问题,有的孩子为了引起她的注意,还拉她的手,或者拍她的胳膊。于是,史密斯老师要求学生们坐回原位,举手,一个一个上前提问。

针对这一情形,研究者问了这所学校的师生以下问题,并请他们在四个选项中选择他们认为正确的答案:

> 为什么当学生们紧靠并触摸史密斯老师的时候,她会要求他们回到座位上,举手提问并按顺序上前呢?
> (1) 她希望给每个学生一对一的帮助;
> (2) 那些只说英语的美国孩子就是这样的;
> (3) 孩子紧紧围着她,让她感到不舒服;
> (4) 有些学生不经允许就上前提问,会影响到别的学生。

(Rosita D. Alberta and In Ah Hab(2004)Latino/Anglo-American Differences in Attributions to Situations Involving Touch and Silence, *Interational Journal of Intercultural Relations*)

结果研究者发现,拉美裔教师和学生选择第四个选项的人最多,而盎格鲁美国人选择第三个选项的人最多。研究者的解释之一,就是拉美文化人与人之间的空间比较小、身体接触更多;相对而言,主流美国白人的文化个人空间比较大,身体接触没有那么多。

如拉美文化那样,人与人之间的身体距离特别亲近、亲密的文化被研究者定成高接触文化(High Contact Culture),这些文化里的人站得比较近、身体接触更多,交际中有很多触觉的参与。高接触文化的人一般比较热情奔放。相反，低接触文化（Low Contact Culture）的人彼此站得比较远，不喜欢太多身体接触，交际中不喜欢触觉的介入。低接触文化的人一般比较内敛。典型的高接触文化包括拉丁美洲、南美洲、南欧和阿拉伯国家；亚洲国家一般被归入典型的低接触文化。

爱德华·霍尔在其经典著作《隐秘的维度》（*The Hidden Dimension*）一书中提出，美国人习惯上的人际交往个人空间距离可划分为四类：

1. 亲密区域（Intimate Space）：从紧挨身体到50厘米以内；
2. 私人区域（Personal Space）：50厘米到1.2米以内，适用于关系密切的亲友间互动；
3. 社交区域（Social Space）：1.2米到3.5米以内，适用于普通社交或工作场合；
4. 公共区域（Public Space）：3.5米以及3.5米开外，适用于陌生人之间。

这几个数字在前述典型的高接触国家里，显然会更小；而在日本等典型的低接触国家里，则会更大。

毫不意外，中国属于低接触文化的国家。值得注意的是，中国人虽然避免在交际中发生身体接触，感情表达也十分内敛，但是根据我们的日常经验，中国人人际交往中的个人空间并不大。换言之，中国人和中国人在一起交际时，彼此之间会站得比较近。一个日本留学生谈到他的一个有趣的观察。

> 我看到一个日本人跟一个中国人在学校北门外的江边聊天。日本人站在靠江的一边，中国人站在靠大门一边。他们开始聊的时候，是紧靠着校门的，然后他们一边聊一边无意识地移动着位置。日本人一直往后退，中国人一直往前挪。谈话结束时，他们已经站在江边了。

TY在广州的一家国际学校实习，教了一个课外的汉语兴趣班。学校小学部语言主管Sabine是个德国人。她也有一个类似的经历。

第一次给课外汉语兴趣班的学生上课时,学校小学部语言主管Sabine去听我的课。听完我的课后,她找我谈话:"Tina,你上课的时候对学生很关心,看到你经常跟他们互动,我很高兴。可是,你不应该把自己推向学生(You shouldn't push yourself to students),你离学生太近,会给学生心理上带来一种压迫感,会让学生觉得不舒服。在我们的文化中,和学生有一臂的距离是最合适的,鼓励学生时,你轻轻地拍拍学生的肩膀就可以了,不要离他太近。"

(选自中山大学国际汉语教学案例库)

此外,除了对身体接触的偏好存在文化差异之外,什么地方可以接触,也有许多文化差异。在我们前往国外之前,一定要对目的地关于接触的文化禁忌有所了解。

ZR作为志愿者在菲律宾教小学生汉语。以下是她记录的一个有趣的故事。

这是一堂六年级的课。今天下午我和往常一样拿着批改过的作业本走进了六年级的教室。几个学生过来帮我发作业本。

上课铃响起之后,学生们开始起立念祈祷经文。祈祷结束后我请学生们坐下,打开作业本,看看批改的情况。当时我站在第一排一个女生的旁边,拿起她的作业本给大家示意,注意看作业里画红线的部分,同时表扬了这个女孩的作业字迹非常工整,句子与句子之间排得很整齐。这时这个女生兴高采烈地说:"Laoshi, I got a 'very good'。"我听了之后笑一笑,说:"Yes, you are very good!"顺势用手轻轻拍拍这个女孩的脑袋。这个动作在中国是很自然地表达对孩子的友好和喜爱的一种方式。我完全没有想到会有什么问题。没想到,坐在女孩旁边的一个平时很活跃很喜欢搞笑的男生突然大声说:"Laoshi, that's rude!(老师,你很粗鲁!)"我听了之后一下子没有反应过来,觉得很惊讶。男生指指女孩的脑袋解释说,我的动作有不好的意思,是粗鲁的。我马上想到之前听说过在泰国,拍别人脑袋被认为是不礼貌的,摸头被认为是对人的一种侵犯和侮辱,但是没有想到在菲律宾也是这样,一下子觉得非常尴尬。这个时候,被我拍脑袋的女孩大声喊了一句:"She is Chinese. She doesn't know."旁边的男孩子也略带羞涩地笑了两声。

我意识到这个时候我该说点什么了。我就站到讲台中间,对全班的孩子们说我应该向白金珠(被我摸脑袋的女生)道歉,我不知道在菲律宾这个动作有不好的意思,并且表示我记住了,以后不会再这样。然后我用中文说了一声"对不起"。白金珠马上大声回应我说"It's OK, Laoshi",旁边的男孩也突然用中文说"不客气",然后立刻有其他男生大声说不该说"不客气",应该是"没关系"。大家都跟着哈哈笑起来,那个男孩平时就性格开朗,也跟着大家呵呵乐起来。

(选自中山大学国际汉语教学案例库)

 观察

观察以下不同场合人与人之间的距离。	
工作场合或教学场所,进行普通对话时	
在邮局、银行、电影院等公共场合排队时	
在不太拥挤的电梯里	

五、副语言与沉默

 热身

1. 找一个你听不懂的国外的影视作品,看五分钟,尝试通过副语言来解释故事情节和人物情绪。
2. 交谈中的冷场会让你感到焦虑吗?什么时候会?什么时候不会?为什么?请举例说明。

副语言指非词语的声音,包括音质,如音量、音高、节奏、语调等;音色,如哭、笑、喊叫等。

一句简单的口头语"行啊你",当音调平稳、语气轻快时,表示由衷的赞赏;而当音调升高、语气抑扬时,则变成了一种反讽讥笑;而当音调低沉、语气严厉时,则可能是一种批评甚至是威胁。

假设我们听一个国外的广播剧,完全听不懂,但是人物的哭、笑、叫、闹……仍然会传递出一部分信息。

最后,我们要讲到沉默。沉默本身也在传递信息,沉默不语作为客观现象,在每个文化里都有,但是不同文化中沉默的频率和赋予沉默的价值却是不一样的。

英语国家是低语境文化,他们崇尚语言交流,很自然地,他们认为沉默显示了表达与沟通的失败,交际中的沉默让他们不适,他们的交际规则是尽量让语言行为充满整个交际过程。而生活在高语境文化中的东方人,交际中沉默的时间则要多得多,因为很多信息是可以通过语境传递的,因此沉默常常显示了默契,显示了交流的最高层次,即所谓的"沉默是金""此时无声胜有声"。

不同文化的人,对沉默的解释也完全不同。前面那个针对拉美裔美国人和盎格鲁美国人进行的校园研究中,还有这样一个问题。

莱森老师在课上讲了一个故事,然后就故事提了一些问题,但是班里说西班牙语的学生却闷声不作答,为什么呢?

(1) 他们不想表现得像美国孩子一样霸道;

(2) 他们觉得自己不如美国孩子;

(3) 他们对上课不感兴趣;

(4) 他们很害羞。

研究者发现,大多数盎格鲁人,无论是教师还是学生,都选择选项4,"他们很害羞",而拉丁裔老师倾向于选择选项2,拉丁裔学生则倾向于选择选项1。研究者认为,对沉默的不同理解的原因是:拉丁裔教师及学生来自群体主义的文化,因此他们倾向于考虑社会层面的原因,而盎格鲁人则受个人主义文化影响,将沉默归因于个人性格使然。

 跨文化案例分析

1. 在汉语课堂上,一位留学生问王老师,为什么中国农村过年时在村里的空地上当众杀猪,还引来这么多人围观,血腥的场面太残忍了,对孩子也不好。你怎么解释?

2. 在汉语课堂上,一位留学生说她不喜欢过中国春节,问她为什么,她说春节的时候中国到处都在放鞭炮,很危险,也很吵,而且污染空气。你怎么解释?

第八章

文化碰撞

第八章

文化卷

第八章 文化碰撞

第一节 "非我族类，其心必异"——文化碰撞的产生

 热身

请阅读以下微信段子：

一个中国人、一个美国人、一个日本人在同一条船上，船搁浅了。三个人来到一座孤岛上，遇到了食人族，食人族的首领说："你们每人去找五个圆的东西回来，否则就吃了你们。"三个人都出去了找了。

过了一阵，中国人拿了五个葡萄最先回来。首领说："你把它们吃了。"中国人把葡萄吃了。首领说："你可以走了。"过了一会儿，美国人拿了五个核桃回来，首领说："你把它们吃了。"美国人使劲往嘴里塞核桃，嘴巴痛得要死却还在哈哈大笑。首领问他："你为什么笑？"美国人回答说："我看见日本人在摘榴莲。"

大侠坐火车遇到一印度人，闲着没事，两人用中文聊哪个国家有文化。大侠说："中国的筷子你会用吗？"印度说人："用手抓才是最正确的吃饭方式，而且不受制于食物，啥都可以用手抓。"这大侠就爱专治各种不服，到了站就带印度人去吃了顿火锅……

1. 这两个段子想表现什么？
2. 写段子的人能达到预想的效果吗？
3. 哪些人会欣赏这两个段子？
4. 这两个段子里有什么让你不舒服的地方吗？

5. 假设你看这两个段子没有任何不适，那么请思考一下，这两个段子可能有什么问题？
6. 能给我们说一个你们家乡的类似笑话吗？

当来自不同文化的人相遇时，一定会有不那么和睦的时候，换言之，他们会因为文化不同而产生碰撞甚至冲突。这貌似不证自明的常识背后的原因是什么呢？

从个体心理的层面去看，这是不恰当的应对焦虑的策略导致的。

我们到不同的地方旅行或生活，或者需要跟来自不同文化的人相处，这些都意味着我们需要面对更多的未知，这给日常生活带来了许多不确定性。而当人面对不确定性时，通常就会感到焦虑。如何应对这种焦虑？一个最自然的反应是在新遇到的文化环境中寻找共性。这种寻找共性的方式可能是外向型的。例如，一个喜欢踢足球的中国学生去英国留学，他很快加入了学校的足球社团，交到了不少朋友；一个信奉基督教的中国教师，移民新西兰后，加入了住所附近的教会，并在教会开办了为社区服务的中文班。另外一些寻求共性的方式是内向型的。例如，很多中国人到了海外的第一件事是寻找中国超市、中国餐厅，然后迅速地加入当地中国人的圈子。这种内向型寻找共性的行为，固然可以一时缓解初来乍到的焦虑，但是也很容易阻碍人们从不同的文化中寻找共性，进而对新的文化、新的环境中的差异性产生畏缩的情绪。这种畏惧情绪一经产生，人就会变得封闭，不愿意学习有关新文化的知识，不愿意了解新文化的价值观和行为方式……与此同时却又不得不应对新文化新环境，结果，碰撞和冲突接踵而来。

理解文化碰撞的产生，还需要我们从更广泛的社会心理的角度去看问题。以下是我们必须要了解的一些概念。

一、刻板印象（Stereotype）

　　跨文化交际中的刻板印象指对某一群体特征过度概括而形成的印象。人们用这种方式在大脑中组织起个人对某一特定人群的经验，并用于指导自己与这一特定人群交往的行为。简单地说，刻板印象是某类人在我们心目中的典型形象。比如我们一想起广东人，脑子里就会出现"什么都吃"；想到法国人，就是"自由浪漫"；想到德国人，就是"严谨高效"；想到"运动员"，就是"头脑简单四肢发达"……

　　刻板印象是不可避免的。人类天生就有分类的心理需求，我们通过分类来认识世界上的其他事物。而且，人际交往也离不开刻板印象。刻板印象的概括性能帮助人们更加简单迅速地了解某一群体，节省了时间和精力。在启动与陌生人的交际时，我们需要一个预设。例如，当我看到一个金发碧眼的外国人走过来时，我会预设他是说英语的，于是我用"Hello"而不是"你吃了吗"跟他打招呼。刻板印象具有为我们提供这种预设的功能，假如我在一个宴会上遇到一位穿着打扮和行为举止都很"网红风"的年轻女性，当她用"我刚从东京回来"作为闲聊的话题时，我多半会选择"哦，你淘到了什么宝贝呀"，而不是"啊，你有没有去参观江户东京博物馆"作为回应。这么选择的依据，就是我对这类女性的刻板印象。

　　刻板印象本身也不是铁板一块的，它有很多变量。

　　首先，它分成标准刻板印象和个人刻板印象两类。前者是在你对涉及到的群体完全没有直接经验的情况下所产生的刻板印象。例如，大多数人没有去过法国，也不认识法国人，但是"法国人很浪漫""巴黎是浪漫之都"这类的刻板印象却深入人心。这类标准的刻板印象有两个产生途径，一个是传媒塑造的，一个是在社会化的过程中形成的。当我们总是从新闻中看到美国发生各种枪击案件的时候，就难免会认为"美国是个危险的国家"，这就是传媒塑造出来的刻板印象。而"女孩子理科都不好"，就属于典型的社会化过程中形成的刻板印象。

个人刻板印象则是通过第一手的接触得来的,不管这样的接触是多么有限。一位老阿姨参加一个低价购物团去了趟马来西亚和新加坡总共五六天,回来说:

> 马来西亚导游是位十分憨厚的青年,对大家十分关心体贴,一下飞机,怕大家饿了,就自己拿钱在机场花高价给大家买面包,途中还请大家吃水果。新加坡的导游大家都不喜欢,一开始时就责骂一位带小孩的年轻人,后来干脆遭到全团的谴责!主要是新加坡人太有钱了,看不起中国人。看来,有钱人不如穷人啊!

短短几天,通过跟两位导游的交往,老阿姨建立了自己对新马两国人民的刻板印象:一个没钱友善,一个有钱势利。

其次,刻板印象也有正面和负面之分。老阿姨对新加坡人的印象是负面的,而对马来西亚人的印象则是正面的。同样是南亚国家,巴基斯坦人是我们的"巴铁",印度人就不是这样。

再者,刻板印象的准确程度也是有区别的。同样是刻板印象,有些离真相近一些,有些则完全是无稽之谈。例如,"法国人喜欢喝葡萄酒"这个刻板印象的准确程度大概比"法国人都很浪漫"更高一些。一般来说,涉及具体内容的刻板印象正确程度比较高,"意大利人很会做比萨饼"和"犹太人都很聪明"哪个更接近现实?选前者可能更安全一些。

最后,刻板印象强度也有不同。有些刻板印象根深蒂固,有些则比较容易移除或被改变。

错误、顽固的刻板印象,会成为交际中巨大的障碍,是引起文化冲突的潜在导火索。

然而,无论是什么性质的刻板印象,天生就有以偏概全的基因,刻板印象忽略了群体中个体的差异,认为某一群体中的每一个成员必然存在着相同的特点,由此进行错误的推断,很容易引起文化冲突。

二、偏见（Prejudice）

（一）偏见的定义与功能

Prejudice的动词形式是Prejudge。Judge（判断），是一个验证过程，需要论证，需要证据。故此Prejudice就是未经论证、缺乏足够证据支持的厌恶或喜爱。简单地说，就是我们对外人、外文化非理性的意见或看法。

偏见之所以无所不在，是因为它有社会功能。

人们需要偏见来进行自我防御，巩固自己的自信心和优越感。

假设你决定停止吃肉，成为非宗教的素食者，你知道周围的人会有什么反应吗？关心你的人会说："不吃肉哪里有营养？"本来就不喜欢你的人会在背后议论："真虚伪，植物还有感觉呢，干脆饿死自己好了！"总之，负面的反馈很可能会比正面的反馈多。然而，这些人并不会深入地了解你选择成为素食者的理由，也不会去探究吃素是不是真就无法摄入足够的营养，植物的"感觉"跟动物的感觉有什么区别。总之，他们只是对素食者有偏见。为什么呢？斯坦福大学一位社会心理学家勃诺瓦·莫林（Benoît Monin）的一个研究表明，仅仅向肉食者呈现素食者的图片就能引起肉食者道德上的自卑感。理查德·史密斯博士（Richard Smith）在 The Joy of Pain 说："素食者根本不用说什么，他们的存在对于肉食者来说就是一种道德上的刺激。"原来，肉食者对素食者的偏见，就是这种道德自卑感的反映，他们需要偏见来进行自我防卫，增强对食肉行为的自信。

某些偏见是有实际作用的。那些催婚逼生孩子的长辈，往往并没有兴趣去了解年轻人选择单身或不育的缘由，他们真诚地认为，人必须结婚生子，这个观点（偏见）对人生有着实际的好处。

偏见也是价值观的体现。不同宗教的教徒之间、有信仰的人和无神论者之间、共和党人和民主党人之间……彼此充满了基于各自价值观的偏见。

最后，偏见与刻板印象一样，也是一种通过分类、组织和建构以获取关于世界和他人的认知的方式，即使这些认知往往是不准确的。

（二）对偏见的合理化叙述

除了少数冥顽不化的人，大多数人都认为持有偏见是不对的，但是偏见仍然无处不在。偏见几乎存在于每个人的身上，除了人类心理和认知特点外，还因为人们都有一套将自己的偏见合理化的讲故事的方法。美国学者布拉德福德·霍尔在他的著作《跨越文化障碍——交流的挑战》中归纳了五种偏见的合理化叙述模式。

合理化叙述	道德优越	个人经历	社会压力	他人地盘	滥用制度特权
主要感情	自豪	仇恨	顺从	恐惧	愤怒
叙述员	客观、开放、有原则	无辜的受害者	强烈依从本群体	脆弱，缺乏经验	勤奋、公正
"他人"	选择错误	刻薄、麻烦制造者	人虽好，可惜是异族	危险的罪犯	寄生虫
主要起因	违反了普通原则	个人经历	家庭和朋友	媒体	个人观察和体验
偏见的表现	回避、取笑他人	回避、"反击"	回避、撒谎	回避、密切注视	回避、抱怨

注：布拉德福德·霍尔（2003）《跨越文化障碍——交流的挑战》，北京广播学院出版社，北京，略有改动。

vb道德优越、个人经历、社会压力、他人地盘、滥用制度特权是五种将偏见合理化的叙述模式。人们常用这些方法将偏见合理化，安慰自己或把一个故事讲给别人听，以显示自己的"正确"或"所言不虚"。威廉·黑兹利特（William Hazlitt）在《论偏见》中说："偏见一旦为自己找到理由，它就会从容不迫。"结果是偏见被掩盖，被混淆，被合理化，让我们认识不到偏见的危害。"东北人都是活雷锋，那个人他不是东北人"；"我又被劈腿了，男人没有一个好东西"；"我也想跟他谈恋爱，但我们家的人都觉得演员心太花，靠不住"；"他欺负我是外地人，我要是本地人他一定不会那样"；"就是外来人口太多才把这里的环境卫生搞乱的"。从这个叙述者的讲述中，他对东北人、那个人、男人、演员、外地人、本地人、外来人口的看法公平吗？是否有偏见？

思考

以下故事属于上述表格中的哪一种叙述类型?

1. 我第一次到中国,没几天钱包就被偷了,钱和证件都没了。我不喜欢中国,那里小偷很多,不安全。

2. 我最近在奥克兰南部租了房子,那边的房子便宜得多。这一区有很多毛利人和岛民(太平洋岛国移民),他们的犯罪率比较高,你看媒体报道的治安事件,都是他们弄的。要是我一个人走在路上,只要对面来一个毛岛人,我就特别害怕,腿软。

3. 小林是我家的小时工,每天中午帮我干活三个小时,她人还是挺勤快的,爱跟我唠叨家里的事情。她跟公公婆婆住在一起,他们可脏了,上完厕所都不冲。她那个儿子,小学一年级就不及格。不是我看不上他们,他们农村人就是没文化。自己没文化,更教育不好下一代。

4. 高中的时候,班上有一个男生,行为举止特别女性化,大家给他取了个外号,叫"小尼姑",背后都那么叫他。我其实觉得那个男生人挺好的,人畜无害那种,而且我也不觉得他像个女孩有什么不妥。但是我偶尔也会跟其他同学一起议论他,也会用"小尼姑"来称呼他。我不想显得跟大家格格不入。

5. 我高考的时候差一分没考上理想的学校。我同班有个同学,成绩一向比我差,高考成绩也比我低了十几分,反倒考上了,就因为他是少数民族,有加分。他们少数民族读书肯定没有我们好嘛,就是民族政策照顾他们而已,真不公平。

三、歧视（Discrimination）

 热身

> 消防部门招聘一线消防员，招聘广告明确性别：男性。请问，这是歧视吗？为什么？

（一）歧视的定义

Discrimination的动词形式discriminate是区别、区分的意思。Discrimination的本义是仅仅因为个人、团体或观点的某一个特征而将其区分开来，给予其特殊（更坏的或更好的）对待。本来区别对待不一定是不合理，但现在Discrimination已经被用于指不公平的，通常是排斥性的区别对待。

简单地说，歧视是我们对外人、外文化采取的非理性的行为，或者说，歧视就是将偏见付诸行动。现在，常见的歧视类型有种族歧视、性别歧视、年龄歧视、宗教歧视、地域歧视等。

（二）为什么"只招男性"是歧视？[①]

根据定义，歧视是不合理的区别对待，那么什么才是合理的区别对待呢？

它应该是这样的：

理由1：A标准评价的是p特质（招聘一线消防人员的评价标准是身体素质，具体的标准是应聘人员的体能测试成绩）；

理由2：X和Y有本质的不同，X具有p特质，Y不具有p特质（X和Y在

[①] 本部分内容引自《"喂，凭啥说我歧视你？"——如何正确对待他人的歧视》，微信公众号"C计划"文章。

体能测试成绩上有本质的不同：X合格，Y不合格）

结论：X符合A标准，Y不符合A标准（录取X，不录取Y）

那什么样的推理方式是歧视呢？

理由1：A标准评价的是p特质（招聘一线消防人员的评价标准是身体素质，具体的标准是应聘人员的体能测试成绩）；

理由2：应聘的XY两个人在p特质上没有本质的不同，但Y具有q特质（X和Y的体能测试成绩完全一样，但Y是女性）

结论：X符合A标准，Y不符合A标准（录取X，不录取Y）

从这个推理过程中，我们可以看到，Y是女性这个q特质并没有影响到她的p特质，因此，仅仅因为Y是女性而不予录用——这就是歧视。

需要指出的是，汉语里的歧视，强调的是不平等地对待，而不是因为某个特征而区别对待。所以，说英语者说的Discrimination和说汉语者说的歧视，严格地说，语义内涵是有差异的。例如，一个女人对男朋友说："你是男的，你来拎箱子。"这在不少西方人看来就是一种性别歧视的言论。正如前面所分析的那样，在这个情形下，合理的区分特质应当是"力气足够大"而非性别。而由于这个行为里并没有隐含显而易见的不平等，中国人一般不会认为这是一种歧视。

思考

1. 请举一些性别歧视的例子。
2. 以下的行为，你认为可以算是性别歧视吗？为什么？
   (1) 男女同事一起吃饭，结账时，女人提出AA，男人说："我可不能让女人买单。"
   (2) 地铁设置"女性专用车厢"。
   (3) 一个丈夫向一位未婚男性传授夫妻相处之道："太太不高兴了，

你不能跟她较真、讲道理，你得哄着她。"

（4）一个芭蕾舞班招生邮件上列明着装要求：粉红色舞蹈服。

（5）一个在家教育自助团体的年会为与会的父亲们设计的T恤衫。

（三）种族主义

种族歧视又称种族主义。种族主义相信种族与人类性格或能力的差异有关，并且一个特定的种族优越于其他种族。根据这个定义，本章开头的那两个段子，完全可以视为带有种族主义色彩的段子。如果一个人对这类段子乐此不疲的话，我们是否可以给他贴一个种族主义者的标签呢？很多人会说："没有吧，不至于吧。"

的确，当我们看到种族主义这个词时，脑海里会出现许多历史事件：南非的种族隔离政策、德国纳粹的种族清洗、美国引发民权运动的种族歧视，等等。跟这些相比，说几个段子，算什么呢？

没错，我们前面提到的确实是种族主义的典型代表，但它们代表的是制度性的种族主义。

在21世纪的今天，制度性的种族主义已经成为众矢之的。然而，种族主义真的远离我们了吗？或者只存在于那种有种族历史遗留问题的国家了吗？非也。因为，还有一种我们每个人都脱不开关系的个人种族主义。

个人种族主义，顾名思义，是个人对个人的种族歧视，又可以分为以下几类。

激烈的种族主义。这类人认为某些群体的所有成员，在很多方面都是低等的，不能让他们跟其他社会成员在受教育、工作、享受社会福利等方面平起平坐。他们中的某些人会表现出公然的仇视和暴力。例如，2015年，南卡罗莱纳州查尔斯顿市白人至上主义者迪伦·鲁夫在教堂枪杀9名黑人；2012年5月25日，纽约两名年近七旬的华裔老翁遭到三名黑人青少年无故殴打，该三名黑人青少年被拘捕后表示之所以要殴打两名老翁，是"因为他们是华人"。更多人不会诉诸暴力，他们只是种族方面的自大狂。例如，NBA洛杉矶快船老板唐纳德·斯特林指责女友上传与魔术队强森的合照，并说出"你可以带黑人回家，但我不希望你与黑人公开露面，更不希望你带他们去我的球场"。而当女友反问他："你知道有许多黑人在为你打球吗？"他回答："我养黑人，给他们薪水，他们的一切都是我赐予的。"

大多数种族主义者是比较隐蔽的。他们承认自己不喜欢某个种族，但是他们是有正当理由的：因为某一种族的人给整个社会制造了问题，或者是得到了比他们应当得到的更多的经济利益或其他好处。比如，许多新西兰人都对原住民毛利人有看法，觉得他们懒惰、不重视子女教育，导致失业率高、犯罪率高，造成了很多社会问题。当然，社会问题有目共睹，但是原因是什么，却需要很多的信息、思考和讨论，更需要有历史和全局的视野。

还有一种门面型的种族主义者，他们看起来接纳了外族人，实际上并非如此。小芳是广西壮族人，她的先生是山东汉族。两人结婚后感情不错，生了个女儿。在女儿上户口填写哪个民族时，他们发生了冲突。小芳认为填写壮族会给女儿的升学带来好处，她丈夫却坚决不同意。小芳有一位好友对壮族文化很感兴趣，到他们家时常常会跟小芳谈论壮族文化和语言。丈夫私下里找到这位朋友，请她不要在他家谈论壮族。原来，他要尽量淡化妻子是壮族人这个事实。这位丈夫就是一位典型的门面型种族主义者，他娶了个少数民族的妻子，骨子里却是个大汉族主义者。

若即若离型种族主义者是这样一类人，他们在某些场合、关系中可以对种族外的人很友好、很积极，而在另外一些场合、关系中却明显没那么热情和友善。比如，一个人单独跟外族人相处时，非常友好，但是如果他和本族人在一起，对待外族的态度就不一样了；还有的人跟外族人同学、共事、交友，都没有任何问题，但是说到要结婚，免谈。

 思考

你跟朋友聊天时，一般怎么称呼以下国家或地区的人？总的来说，你喜欢他们吗？为什么？
1. 美国人
2. 日本人
3. 韩国人
4. 非洲黑人
5. 印度人

四、民族中心主义（Ethnocentricism）

民族中心主义指一个人认为自己的文化优于其他任何文化的观念。它认为对其他文化应该以其在多大程度上符合了自己的文化标准来衡量。民族中心主义虽然被称为主义，但是本质上却是一种偏好本民族文化的情感，因此，也被翻译为民族优越感。简言之，民族中心主义就是我们对自己的族群和文化的非理性的好评和认同。

民族中心主义可以分为三个层次：第一个层次是正面的民族中心主义，认为本民族的文化比其他的文化好是一种自然的、天生的情感，并没有正确与错误之分；第二个层次是负面的民族中心主义，这种民族中心主义由于认为自己的文化是最正确的，因此会用自己文化的标准去衡量别的文化；第三个层次的民族中心主义被定义为"极其负面的民族中心主义"，持这种民族中心主义的人不仅认为自己的文化是最好的，还认为别的文化也应该效法或采用自己的文化。

我们将在下一节中通过案例分析,对民族中心主义的种种具体表现进行深入讨论。

第二节 "人同此心,情同此理":在国际汉语教育的情景中理解和化解文化碰撞①

 热身

阅读以下案例,然后回答问题。

　　CL在韩国一所小学教汉语,在她任教的五年级的班上有一位性格孤僻的男生,他在第一堂课上就用行为明确地表达了不愿意学习汉语的决心。于是,CL求助于她的前辈老师。前辈老师有效地说服了这位男生。从此,这位男生认真上课并完成作业,尤其是他的汉字,总是写得特别工整。可是有一次,CL在汉字作业本里发现了他用红笔写下的一行韩语"打倒CL,打倒中国,让我们学校和平"。

　　CL报告了班主任,"孩子被班主任揪到我的办公室,我还没开口说话,他的眼泪就出来了,一个劲地和我说对不起。当时的我真的很生气,但是看到孩子的眼泪,我只说了一句'没关系'"。

1. 你认为这个孩子为什么会这样做?
2. 如果是你遇到这样的情况,会怎么处理呢?

　　ZM在菲律宾的幼儿园教3—4岁的孩子,她的主管似乎对中国的印象不太好……她从新闻中看到中国的家暴问题,就说中国怎么会有这样的

---

① 本节案例全部选自中山大学国际汉语教学案例库。

人,男人怎么可以打女人!今年中国部分地区的洪水让她很吃惊,她说原来中国也会经常发大水,还死了这么多人。

ZM说:"很多次我都想和她理论,但迫于这是别人的地盘,她又是我的上司,我怕说出来以后她就不会给我好脸色看了,只能在心里憋着。到现在我对她有一种莫名的恐惧感,甚至都不敢走进她的办公室,只能尽量减少和她见面说话的机会。"

1. 你认为这个主管为什么会有这些想法和说法?
2. 如果你遇到这样的情况,会怎么处理?

前面一节介绍了几个与文化碰撞或冲突的产生有关的重要概念。这一节,我们会通过一些国际汉语教学的实际案例,考察这些概念是如何在真实场景中发挥作用的,以帮助学习者更深入地了解文化碰撞和冲突产生的原因,学习如何应对碰撞,解决冲突。

一、对中国的刻板印象的归因及应对

第一节,我们谈到了刻板印象的成因,找出刻板印象的成因对我们如何应对它们是很重要的。可以先打一个比方,如果一个跟你相识却不太熟悉的女人对你说:"男人没一个好东西。"你会如何应答呢?如果你恰好知道她刚刚受了情伤,你可能会跟她一起谴责负心人;如果你知道她刚看了《我的前半生》,你可能会跟她讨论这部戏在何种程度上反映了现实;如果你知道她成长在一个只有母亲的单亲家庭,那么,你可能就会保持沉默。

(一)个人经历造成的对中国的刻板印象

案例1:

WM在菲律宾的孔子学院教书,她的学生都是利用业余时间学习汉语的成年人,其中一位学生和中国人有生意往来。案例发生的那节课上,教学内容为

"钱的表示法"。WM后来在案例分析中写道:

  学生在课间休息时,询问"千"和"万"汉语怎么说,然后忽然激动地说:"中国人都是Liar。"原来,他在天津被中国人骗走了30万,显然深受打击。我听后表示很震惊很同情,并告诉他下次做生意要小心一些。

  这位学生在讲了一些情况之后,开始转向别的同学,带着愤怒情绪用菲律宾语讲事情的经过。我听不太懂,但是我感觉他渲染得更严重,可能还说了一些更偏激的言辞……他把自己在生意上被骗的经历过度放大,过分渲染,造成了其他学生对中国的误解。该生本身就是做生意的,在生意场上这些也不是个别现象,但是他把自己被一个中国人骗钱说得很严重,说成中国人都是骗子,让我在感情上很难接受,而我作为老师也不能说什么过分的话。

  菲律宾人普遍认为中国是一个了不起的国家,他的看法或许只是个人情绪的宣泄。他在课堂上的发言主要是因为他那次不愉快的中国之行,让他对中国和中国人有了不好的印象,站在他的角度考虑也是可以理解的。他说完后,我问他是否请了中文翻译、有否追查等问题,指出他作为生意人,应当意识到做生意的风险,要为自己的不慎承担责任。然后,我问他:"你觉得老师骗过你吗?你做生意这么多年,没有遇到过中国的好人吗?"

  下课后,这个菲律宾学生找我谈话,说谢谢我关心他,他无意冒犯我。他也相信大多数中国人都是好人,不会骗外国人。骗子每个国家都有,在菲律宾也一样有,所以他不应该说中国人都是骗子。他向我正式道歉。

案例2:

  HQ在越南的大学给三年级的大学生上口语课。这些学生大学头两年是在中国某大学学习的。案例发生在当天的口语课上,HQ先介绍了自己作为外国人在越南的经历和感受,诱导学生谈论他们在中国的经历和感受。这时,一个平时汉语学得还不错的男生R站起来说:"中国小偷很多,人很凶,我讨厌中国人。"后来,经过了解,HQ才知道了一些情况,男生R到中国第二天就丢了钱包,钱包里有很多钱、证件等，丢了很不方便，也让他的中国之行心情变得非常糟糕，回国后还一直在抱怨。

1. 应对之道：运用移情

以上两个案例的情况是类似的，都是当事人在中国有非常负面的经历，因此在课堂上发泄不满。这跟受了情伤的女人说"男人没一个好东西"的性质是一样的。作为在场的中国教师，应当对其遭遇真诚地表示同情，而对他们以偏概全的激愤言论则完全可以忽略。按常理，一个正常的有同情心的男性，不会因为一个受了情伤的女人说"男人没有一个好东西"而感到愤怒。因为他知道对于这位受伤的女性来说，除非她一而再地受伤，不然这种非理性的偏见不会是常态。

简而言之，应对这类"偏见"言论的方式是运用移情。移情是一种认识和理解别人的感受以及通过正确的回应来传达这种理解的能力。从文化背景上定义移情，丁允珠1999年在 *Communicating across Culture* 里是这样描述的："通过移情我们可以发挥想象把我们置于一个不同的文化世界去体会他人的感受。"移情不仅对一般的交际能力很重要，也是跨文化交际的一个中心特点和基石。

根据描述，HQ的口语课比较顺利地结束了。她的案例报告并没有显示她对R同学的表示有什么具体的回应，但在案例分析中，她写道：

> 他在课堂上的发言主要是因为他这次不愉快的中国之行，让他对中国和中国人有了不好的印象，站在他的角度考虑也是可以理解的。

2. 阻碍移情的因素

一旦移情受到了阻碍，中国教师就有可能做出不恰当的反应，进而引发文化冲突。根据跨文化交际理论，阻碍移情的主要因素有五个：过度的自我关注；以偏概全的倾向；对性别、种族和文化的刻板印象；自我防卫心理和行为；缺乏移情的动机（Larry A. Samovar & Richard E. Porter, 2004）。其中，自我关注是一个重要却比较难以理解的因素。

我们来看WM的案例，她的反应比较复杂，可以分为几个阶段。第一个阶段，当学生在未告知原因的情况下就指责"中国人都是骗子"时，她感到"震惊"。第二个阶段，学生告知了缘由，WM表示很震惊很同情，并告诉他下次做生意要小心一些。第三个阶段，学生开始用菲律宾语给其他同学讲述受骗的情况，而WM听不懂，因此她在现场无法做出回应，但我们从她后来写的案例分析中可以看到，她当时的内心反应是认为学生在夸大其词并因此感到十分愤怒和郁闷。第四阶段，她在学生讲完后，追问该同学是否请了中文翻译、有否追查等问题，指出学生作为生意人，应当意识到做生意的风险，要为自己的不慎承担责任。然后，她进一步追问："你觉得老师骗过你吗？你做生意这么多年，没有遇到过中国的好人吗？"第五阶段，学生意识到自己在中国老师面前指称中国人都是骗子是一种不礼貌的行为，并表示道歉。WM在事后写作案例分析中写道：

> 下课后，这个菲律宾学生找我谈话，说谢谢我关心他，他无意冒犯我。他也相信大多数中国人都是好人，不会骗外国人。骗子每个国家都有，在菲律宾也一样有，所以他不应该说中国人都是骗子。他向我正式道歉。

可是，学生的道歉似乎并未让WM完全释怀，因为她在案例分析中仍然无法客观地分析当时的情景：

> 这位学生在讲了一些情况之后，开始转向别的同学，带着愤怒情绪用菲律宾语讲事情的经过。我听不太懂，但是我感觉他渲染得更严重，可能还说了一些更偏激的言辞……他把自己在生意上被骗的经历过度放大，过分渲染，造成了其他学生对中国的误解。该生本身就是做生意的，在生意场上这些也不是个别现象，但是他把自己被一个中国人骗钱说得很严重，说成中国人都是骗子，让我在感情上很难接受，而我作为老师也不能说什么过分的话。

菲律宾人普遍认为中国是一个了不起的国家，他的看法或许只是个人情绪的宣泄……

这段分析至少有三个不客观的地方。首先，WM并不知道学生用菲律宾语讲了什么，但她却主观认定他"过度放大，过分渲染"了自己的受骗经历；其次，她认为这种过分的渲染造成了其他学生对中国的误解，WM在案例反思中又指出，菲律宾人普遍认为中国是一个了不起的国家，那么其他同学是否会因为某人一时情绪激动地说"中国人都是骗子"就对中国产生误解呢？这是无法证实的主观猜测；最后，她认为在生意场上被骗并不少见，因此在中国被骗并不算很严重的事情，这一个判断显然掺杂了WM对所谓的"生意场"的主观判断。

总之，WM虽然声称对学生表示同情，但实际情况是她对自己的"难以接受"的情绪（这种情绪的起因我们在下一节进行讨论）更加关注。因此，她对学生的遭遇的移情受到了阻碍，她所表示的同情的真诚度打了折扣。所幸的是，那位学生是一位明白事理的人，他向老师表示了正式的道歉。因此，潜在的文化冲突得以规避。

但有时，这种对自己的过度关注而导致的同情心缺失，确实会引发文化冲突。

案例3：

汉语国际教育硕士非全日制单证班的XL是广州某高校的外事秘书，负责主管学校的外教。有一个学期，学校来了一位美国外教J。他是第一次来中国，而学校的环境，例如教室、教师宿舍等的条件显然未达到他的预期，因此他过得不太愉快。一天，XL还在前往学校的公共汽车上，就收到了J的短信。在短信中他表示，他正在教学的教室里蚊子太多，已经影响了他的正常教学，要求立即更换教室。XL对学校的教室资源了如指掌，她知道不可能马上为J找到更好的没有蚊子的教室。于是她如实回复。外教J继续回信，坚持立刻换教室的请求，并指出蚊子会引发疟疾的后果。XL认为J对于疟疾的担心显示了他的无知，于是在信中否定了这种可能性。J对她的回复表示了强烈的不满，坚持要求马上解决问题。就这样，两人的短信往来持续了四十分钟，XL承诺会将其意见转达有关部门，尽快灭杀蚊子，但J认为她只是在推卸责任。两人相互都非常不满，不欢而散。

XL在课堂上与研究生同学们分享了这个案例，提出了自己的疑问，有的同学当即指出了她缺乏同情心的态度是引发冲突的原因。蚊子对于外教J来说，只是压死骆驼的稻草：一直在文化休克中恢复不过来的他在蚊子面前崩溃了。因此，需要关注的是他的心理状况，他貌似在无理取闹，实际上他真正的需求是情感上的支持。而XL当时完全没有意识到这一点，她的想法是：

> 其一，在中国的教室有蚊子，这是太平常的事情，根本不需要因此换教室，何况没有富余的条件好的教室，忍受一下就过去了，老外也不必这么娇贵。其二，已经允诺会灭蚊，但是需要协调，需要时间，这是很正常的，不可能你一说，立马就解决问题。其三，我正怀着孕，又天热，行动力会因此减弱，只能交由相关部门处理，所以请外教耐心等待，互相体谅。

在这段文字叙述中，她除了觉得J娇贵外，没有对他的处境表现出任何真诚的体谅。在整个过程中，她关注的只是自己是否能够解决J提出的问题。

然而，同学们的意见显然并没有改善XL的自我关注，她在作业中对冲突进行了分析：

> J要求马上解决问题反映了他的时间观念跟中国人不同；其次，J对中国的认识还停留在过去；最后，J不能放下个人主义者凡事只为自己考虑的身段。

她指出：

> 面对这种不一样的文化环境，（他）必须清醒地意识到这是在中国，

不是在自己的国家,不可能一切事物都像在国内那么顺利。这位外教完全可以向自己的同事请教遇到蚊子怎么办,然后想办法解决。

其实,在协调有关部门进行灭蚊之前,XL可做的事情很多,也很简单:真诚的表示理解和同情的话语;一份足够权威的关于中国疟疾情况的资料;一两样表达关切的小礼物,如防蚊水、防蚊贴等;当然,还可以安排文化适应得比较好的外教跟J沟通。

可惜的是XL始终无法对J产生移情,因此她执着于自己的就事论事、公事公办;而J在结束一个学期的教学回到本国后,则很可能会变成又一个因为自己的负面经历而对中国怀有偏见的外国人。

(二)媒体造成的偏见

媒体的新闻报道常常有放大事实的作用,因此,很容易使受众对其所报道的人群或文化产生刻板印象甚至偏见,进而引发潜在的冲突。

面对这类起因的刻板印象或偏见,最好的办法是就事论事地向对方指出媒体报道的特殊性和局限性。

案例4:

ZR在菲律宾一所私立学校任教,案例发生时,她在这所学校的六年级上汉语课。上课前,学生们就围着她讨论电视上关于菲律宾匪徒绑架并杀害中国香港游客的事件。上课后,她一度成功转移了学生的注意力。但是在用"怕"字造句的练习中,一位小学生造出了"我怕中国人"这样的句子。"我一下子觉得很奇怪,问他为什么突然说怕中国人。这个学生用英文跟我解释说:'我想去中国,但是现在很怕去,因为商场里的广播说中国人对菲律宾人有敌意,说中国人因为人质事件恨菲律宾人,菲律宾人不敢去中国。'其他的学生也开始附和补充,告诉我他们在广播和电视上看到,说中国人对菲律宾有敌意。学生们开始问我,中国人是不是仇恨菲律宾人。"

ZR给予学生的答复合情合理,值得赞许,但如果我们追究个案的起因，这个答复未能切中要害：

> 我用英语对学生们说："罪犯杀了中国人，这是不对的，我感到非常难过。但是我知道他不代表所有的菲律宾人，对吗？你们对中国人友好吗？"学生们都十分肯定地点点头。我接着对学生们说："老师也是中国人，你们和其他老师们都对我很好，我知道。所以我很清楚，大多数菲律宾人对中国人是友好的。你们没有做错事情，所以我不会恨你们。可是人质事件我感到很遗憾，如果能够解救更快，结果也许会好些。所以这也提示我们，长大之后要做好工作，不要出现这样痛心的情况。"

ZR直接回答了学生中国人恨不恨菲律宾人的问题，却未能向学生指出媒体报道的特点或局限。这有可能引起学生的疑惑：为什么新闻报道跟老师说的不一样？而且，ZR的解释解决了一时的困惑，做到了授人以鱼，却错失了授人以渔（如何看待、辨别媒体信息，在二语教学中培养学习者的分析能力）的机会。

（三）社会化过程中造成的刻板印象

来自美国、西班牙、菲律宾的志愿者同学不约而同地提供了关于"野蛮落后的中国人"的刻板印象案例。

在这些案例中的外国学生要不认为中国人什么都吃（猫、狗、乌龟），要不认为中国人只要男孩子不要女孩子，要不认为中国人还生活在没有电视的时代，要不认为中国人只会COPY别人。

这些关于中国的刻板印象对我们来说毫不陌生，显然，各国的中小学生们在他们的成长过程中，也从家庭、学校或其他途径获得了这些关于中国的刻板印象。

对于这些刻板印象，好的应对方式应该包括两个方面。第一，要给学生足够的客观的信息，为学生建构一个更全面的关于中国的"印象"；第二，向学生指出刻板印象的特点和潜在的问题，提醒他们不要轻易地去做价值判断。由于学生的刻板印象是在相对较为长期的社会化过程中形成的，这些印象或偏见比上述两种类型更不容易动摇或改变，需要教师有足够的权威感，有足够的材料准备。

我们来看看，这些提供案例的同学是如何应对的。

案例5：

在西班牙教中学的WR深受学生关于中国人吃猫吃狗的问题的困扰，终于，她决定集中反馈一下。

她整理了一下语言，说道："确实是有人这么做，但这只是一小部分人的爱好，大部分的人还是反对吃猫吃狗的，因为狗是人类的好朋友，吃掉它们实在是很不人道。要知道，小部分人的做法并不代表大部分人。"本以为这样的解释已经足够了，但有一位女生还是不依不饶："老师，我从朋友那儿听说，有中国人向当地的家庭购买他们不想要的猫和狗，为的就是送到餐厅去做菜，这是真的吗？你听说过吗？"学生的反问让WR一时不知所措，第一反应就是："你确定这个消息是真实的？"这位女生点点头。"如果是真实的，"她说，"我只能说我并不知道，而且也并不赞成。个人来说，我很反对这样做。"女孩子接着自言自语说："这样子太残忍了，怎么能吃得下去呢？""太不人道了！"身边的同学纷纷表示赞同。这个问题在学生当中炸开了锅，底下的同学都纷纷讨论，更多的学生是一脸惊讶的不可置信的表情。WR感觉这个问题再讨论下去，必定会转入死胡同，立刻提问了一句"还有别的问题吗"，才把学生的注意力稍稍转移了一下。

WR的回应显然是失败的，但是大多数同学给出了比WR更有智慧的回答。在美国教小学的XQ的回答很有代表性。

案例6：

XQ在她的案例分析中这样写道：

我很诚实地告诉他们："是的，确实有一些中国人会吃狗肉。但是老师从来没吃过。除了中国,还有其他的一些国家的人也会吃狗肉,比如韩国。"然后我突然想到了大多数印度人不吃牛肉的例子。于是我接着问他们:"你们都吃过牛肉吗?"学生们纷纷点头。我说:"可是你们知道吗?世界上有些国家的人不吃牛肉。因为他们觉得牛是很神圣的动物,如果他们看到你们吃牛肉的话,他们会很生气呢。"学生们应该是第一次听说有的国家不能吃牛肉,注意力从"中国人吃狗肉"上纷纷转移到了"竟然有某些国家、民族不能吃牛肉"上面去了。纷纷追问:"比如哪些国家?""真的吗?"我点头:"真的。比如大多数印度人就不吃牛肉。"最后,我总结说:"所以就跟你们不能接受中国人吃狗肉一样,大多数印度人也不能接受你们吃牛肉。这种事情上面没有对错之分。"然后这个问题就被我巧妙地带开了……

对比两个回答,我们可以发现,WR失败的原因有二。第一,她的回应的大前提是认同了学生的价值判断:吃猫吃狗是不人道的,然后再辩解说,只是一小部分中国人这么做,这个回应就显得很没有说服力。第二,对于学生的提问,她的回答没能提供足够的信息。当一个学生用她听到的事实来强化已有的刻板印象时,WR的"真的?""我不知道"等显示其无知的回答,进一步削弱了她的说服力。

而反观XQ的回答,则巧妙得多。第一,她的态度很坦然,诚实地认同事实,但不做道德评判;第二,她提供了很多信息,在学生面前树立了一个知识渊博的权威形象,从而使其回应显得可信、有力;第三,她用一个可以类比的事实向小学生输入了不要用自己的行为准则去判断别人的跨文化意识。

当然,XQ的回答也还有可改进的地方。在信息提供上,与其扯出韩国,不如直接指出中国不同地区的饮食习惯差异很大,很多地方并没有吃狗肉的习惯。这样,就间接地向学生说明了"中国人吃狗肉"是一种以偏概全的刻板印象。如果准备充分,可以提供更多引发学生类推思考的例子。比如,从数据上看,美国人的平均体重比较高,也就是说,有些美国人超重是一个事实，但是"美国人是胖子"的说法对不对呢？

（四）学生的民族中心主义引起的偏见或潜在冲突

民族中心主义常常是在无意识的情况下习得的，如学校的早期教育（历史、语文和地理等课程）、父母给孩子讲述本文化的民间故事、宗教传播等。

在国际汉语教学课堂上，教师们会随时遭遇这种民族中心主义带来的潜在的冲突。本节的思考案例的提供者CL在她的案例分析中写道："有一部分韩国孩子对中国的认识非常极端（他们认为中国就是韩国的敌人）。切忌让有关两个国家之间的政治、经济方面的言语、内容出现在课堂上。"这个判断跟我们对韩国人的民族性的一般认识有吻合的地方，即具有较强的民族中心主义。

案例7：

ZH在中国北方一个国际学校担任中学部汉语教师，在她的班上有不少韩国学生。其中一位17岁的韩国男生，汉语很好，在同学中颇具影响力。一次ZH在课上放映电影《孔子》。电影字幕一出，这位男生就说："老师，我知道，孔子是韩国人。"

正如前面所说的，民族中心主义是早期教育的必然结果。因此无论哪个国家的学生，只要有机会，都会流露出他们的"爱国情绪"。

案例8：

SH在越南最好的一所大学任教，她的学生都是越南年轻人中的翘楚。她在案例中记录了以下情况：

我在讲述中国文化时，他们表现出不屑一顾，认为自己文化更优越。比如讲到饮食文化时，一个学生当场说："河内米粉比中国米粉好吃，中国菜不好吃。"这个例子在我教的几个班里都出现过，不是个例。

一节课上涉及中国的地理文化，我用中国和越南的地图进行对比讲解。我的备课本上画有越南地图,课后回家我发现上面的越南地图被人改过,在几个小岛上注明它们的名字,并标注属于越南。我知道这是课间休息时学生们翻开我的备课本改动的。

案例9:

FF在菲律宾的一所私立中学任教。一天他如常走进了小学三年级的汉语课堂。他开始与学生们寒暄,这时,FF最喜欢的一个女生跟他说:"老师,你知道吗,三名菲律宾人在中国被杀死了?你们太残忍了!"说着还用手指指他一下。FF一下子想到,前两天上网看到新闻说,五名菲律宾人携带毒品到中国,被中国警方抓获,其中三名毒贩按照中国法律要被处以死刑,另外两人被判处死缓。还没等到FF开口说话,那个女孩的同桌也附和她说:"是啊,太残忍了!你们为什么要杀死他们?"

以上案例中学生的民族中心主义的反应可以分为三类。第一类是"我们好过你们"或"你们真差"的优越感。如越南学生觉得越南菜比中国菜好吃。外国学生(无论他们来自发达国家还是相对落后的国家)的这种优越感是汉语教师们时常会遭遇到的。第二类是"你的国家是我们的对手(敌人)"的对立情绪甚至敌意,可能表现为领土或文化遗产归属的争端。如改地图的越南学生,以及声称孔子是韩国人的韩国学生。第三类是用自己的价值观和行为规范去判断评价别国的文化。如菲律宾小学生对中国判处毒贩死刑的批评。

对第一种反应,教师没有必要刻意地予以回应。假使学生的优越感是基于客观事实的,如一个日本学生说"我们日本比中国干净多了",那么教师可以自然地表示同意;如果学生的优越感是基于主观情绪的,教师也没必要与学生较真,开个玩笑或者顺带提供一些有利于他们接近客观事实的信息就可以了。

对于学生全盘否定中国饮食,SH的处理就很不错:

我问他:"你吃过什么中国菜?"他说:"就是学校后门的餐厅。"我说：" 只是那一家吗？"他说：" 是。"我笑道：" 那是粤菜的一些简单做法，如果有机会到广州，我请你尝尝正宗的中国粤菜的味道，好吗？"

对第二类反应，教师的回应需要慎重，如何回应完全需要根据语境（引发反应的起因、学生的民族性特征和个性、师生关系、教师个人对话题相关知识的掌握程度等）来决定。但有两个大原则是我们应该遵守的：在思想认识方面，要牢记每个国家或族群都有自己的历史表述。落实到具体处理上，要绝对避免任何可能把这种"对手/敌人"的关系引入教师和学生的个人关系中的言行。

对于想要争夺孔子的韩国学生，ZH在她所处的语境下，应对得相当漂亮：

> 我想很快地反驳他，说孔子是中国人。但是转念一想，这样强硬地回答他，未必可以使他做到心服口服。因此，我开始慢慢引导他，我说："孔子是韩国人吗？"他点点头，一边笑笑，朝那一群韩国同学挤挤眼睛，有点小得意的样子。我接着说："你有什么证据说明孔子是韩国人啊？"他愣了一下，说道："听来的。"其实，很多关于中国的负面新闻以及历史问题都是道听途说的，没有什么实际的证据。我接着说："听来的？那可不行，要有证据，evidence，才能说孔子是哪里的人。"……在电影放映的间隙，我专门上网查找了关于春秋战国时期的地图，告诉他们那时候孔子所在的地方就是中国今天的山东省境内，因此不论是从地缘角度来说，还是从历史文献资料记载，孔子都是中国人。但是，我最后强调，孔子虽然是中国人，但是他的思想是没有国界的，他的影响力之大是辐射整个亚洲文化圈的，这也就是为什么很多其他国家立有孔庙等建筑的原因。比如说在日本，在韩国，都会有尊崇孔子的历史记载。

首先，ZH及时控制住自己情绪化的第一反应，阻止了将"对手"关系引入到师生关系中来的可能性。其次，ZH有足够的知识储备和即时的研究能力，去展示和论证中国人关于孔子的历史表述。但要记住，这种展示和论证是有潜在的引起冲突的危险性的，毕竟ZH的韩国"对手"只是一个对历史甚为无知的青少年。

对于第三类反应教师应如何回应，也很难给出一个标准答案。原则上，教师的责任是使学生意识到用自己的标准去评判别人可能是不公平的。这是在语言教学中实现培养学生的跨文化交际意识的一个重要的内容。

案例9的提供者FF首先采取的是回避的策略：

> 我意识到这个问题的严重性和复杂性，并不是我一两句话就能说清楚的。为了不耽误上课，我只能先稳住他们说："这个问题我们现在不讨论，我们先上课，课下的时候你们可以找我讨论。"这样，我就先压住了他们的提问，使得上课正常进行。
>
> 但是，当他们学习"好"和"坏"这两个生词的时候，一个男生突然造了一个句子："中国人是坏人！"
>
> 我当时以为他只是造了一个句子，还开玩笑地和他说："你的句子是对的。但是中国人不是坏人。"这时，他却说："中国人就是坏人。你们中国人杀死了三名菲律宾人。你们很残忍，所以你们是坏人！"他这样一说，倒引发了其他学生的附和，有的问我："老师，你们中国人为什么要杀死三个菲律宾人？"这时，眼看课堂状况有些失控，我并没有马上喝止他们，而是很严肃地沉默了几秒钟，看看学生会不会收敛。学生看到我的神情后慢慢停下了讨论。这个时候，我说："这个问题不是我能决定的，这是中国的法律决定的，因为他们在中国做了非常坏的事情，所以要按照中国的法律给他们惩罚。"可是孩子终究是孩子，他们不会理解法律的问题，在他们看来，生命是上帝赐予的，是最珍贵的东西，所以不能有死刑。听了我的解释，他们还是有些不理解。我又说："你们说中国人是坏人，老师是中国人，老师是坏人吗？"很多学生说："老师不是坏人，老师是好人。"听了这句话我突然感觉，孩子的认知是很直接的，他们对很多事情只是知道表面，并不能理解其中的深层次的东西。最后，为了使得课程能够顺利继续下去，我只能说："现在我们不讨论这个问题了，我们继续学习下面的东

西,下课以后你们如果想找我说这个事情,我可以给你们解释。"

FF面对的是个很大的难题。死刑的存废在世界范围的宗教、伦理、法律界都存在很大的争论,因此,严格地说,这不是一个用自己的道德标准评判别人的最佳示例。但他的回应是可圈可点的。

首先,他指出了一个需要按中国法律办事的事实。其次,他用简单的提问引导学生认识到"中国人是坏人"这个句子是欠妥的。最后,基于对孩子的认知能力的判断,他又明智地采取了回避的策略。如果他在这里使用案例6中XQ同学关于狗肉和牛肉的类比,也许能够给学生更多的启发。

二、如何避免潜在的碰撞与冲突

（一）控制我们自己的民族中心主义

1. 我们的世界观是否还处于民族中心主义阶段?

当我们试图解释为什么有些人在跨文化语境下会有某种体验和反应时,可以用到跨文化敏感度发展模型(DMIS)。从前面的案例我们可以看到,同学们在跨文化交流的过程中遇到了性质高度相似的文化差异,那么他们为什么会有不同的体验和情绪反应呢?是因为他们对文化差异的敏感度处于不同的阶段。DMIS是一个认知结构发展的模型。

跨文化敏感度的发展
→
不同的体验

否认 | 防卫 | 最小化　　接受 | 适应 | 整合
　　民族中心主义阶段　　　　民族相对主义阶段

我们可以看到这个模型分成两个大的阶段。第一大阶段是"民族中心主义阶段",内部又可以分为否认、防卫、最小化三个小的阶段。在否认阶段，认为自己的文化是唯一真实的体验，尽量在心理上拒绝或在物理上规避其他文化。对自身文化与其他文化的差异要么根本不加区别，要么以非常模糊的、浅层的方式解释。在防卫阶段，将世界分为"我们（自身文化）——他们（其他文化）"两个极端，假想受到了与自身文化有差异的文化的攻击。所以，人们往往选择苛责贬低其他文化。在最小化阶段，虽然承认存在礼仪和习俗等表面上的文化差异，但认为其他文化与自身文化基本价值观相似。第二大阶段是"民族相对主义阶段"，由接受、适应和整合三个小阶段组成。在接受阶段，接受的是自身文化与其他文化不一样但平等这一观念。接受不意味着认同，即接受差异的存在，但不一定喜欢某一特定文化或同意其价值观。适应阶段，个人努力接受其他文化观点，开始进行"认知框架转换"。在整合阶段，个人协调在不同文化语境中的行为举止，文化身份感可能已经不受某个特定文化的约束，他的文化身份对于任何一种文化都变得"边缘化"。我们可以看到，这个模型分成两个大的阶段之中的三个小阶段之间的渐变，只是认知结构的量变；而两个大的阶段之间，却发生了有关世界观重构的质变。

前面我们已经了解了民族中心主义可能对跨文化交流引起何种障碍，那么，只要我们的世界观还处于民族中心主义阶段，遭遇到文化差异的时候，就会产生负面的体验，采取不恰当的行动，甚至会引发冲突。

不少汉语国际教育专业的学生都是因为对出国教书感兴趣而选择的本专业，可以假定，他们是一群外语好、心态开放、对陌生文化好奇的年轻人，而且他们修习过跨文化交际课程或受过行前的相关培训。因此，他们应该属于具有较强的跨文化交际意识和能力的人群。他们一般都能恰当地面对不同文化在语言、行为甚至观念上的差异。"文化只有不同，没有对错""不用自己的观念标准去评判外人外文化"几乎是他们的常识，但能不能就断定他们已经跨越了民族中心主义的阶段了呢？

通过阅读和分析案例去洞察、去反省，可能要比用量表来测试和自评更直接更准确。

2. 辨识我们的民族中心主义

民族中心主义,与前述在学生的意识行为上的反应相对,在教师的意识行为上的反应也有三类。

第一类是一听到学生有攻击中国或中国人的言论,就产生强烈的反感甚至受伤的情绪。这种"你怎么可以说我们不好"的情绪化反应,是从反面表现出来的"我们好过你们"。

案例1的提供者WM对学生的一句话有如此强烈的情绪反应,以至于无法将注意力中心从自己的情绪上分散开,就是很明显的民族中心主义的反应。但很多时候,这种情绪是隐蔽的。

案例10:

HH在菲律宾教中学。她在课外活动的间隙和几位高中男生有一番关于中国网站的讨论:

学生A开始和我开玩笑,他问:"为什么中国的一些网站的名字很搞笑?"(上两周,俱乐部的话题是了解中国的网站,我介绍了QQ、人人网、163等中国人常用的网站,并教他们如何注册人人网账户。)

我说:"因为这样更容易记住名字,用起来很方便。"

于是学生A又追问:"Why Chinese websites always copy other websites, and it seems Chinese people like to copy others?"

我当时一听立刻明白他问的是关于中国的"山寨"产品。对此,我知道自己应该避免产生消极的情绪,不让他们对中国产生进一步的误解。

于是我回答:"这些网站也并不全是抄袭的,许多有名的网站比如雅虎就是中国人创立的。"因为雅虎在菲律宾的影响很大,人们的邮箱、主页基本上都是使用雅虎的。学生们听到这个消息,有些惊讶,因为他们一直以为雅虎在美国,理应是美国人的。

雅虎是中国人创立的?杨致远只是雅虎的两位创立人之一,另一位是美国人大卫·费罗。而且杨致远10岁就移民美国了,严格地说,他也是美国人。学生们的"以为"更接近事实。那么HH为什么要"误导"学生呢？这里有两个可能性：第一是她对事实了解不全面；第二是她想暗示学生"我们比你们好"。后一种可能性似乎更大。也就是说，虽然她意识到自己不应该产生消极的情绪，但是消极情绪还是不可避免地产生了。

我继续说："中国有许多你们不知道的网站，这些网站给我们带来便利。"

感觉学生似乎没有被说服，于是我反问他们："你们一般使用哪些网站？"

他们立刻大声回答："Google, Facebook, Twitter and Yahoo."

我又问："你们为什么不用本地的或者你们自己的网站呢？据我所知，这些网站大多是美国的。"

学生说："Because they are amazing and good. Everyone uses them."

我说："中国有很多自己的网站，其中一个原因是语言。我们更喜欢那些照顾到用户需要的网站，比如说人人网有很多功能是Facebook所没有的。"

单独去读这段对话，HH同学的应对似乎没有不得体的地方。让我们试着改写一下这段对话：

教师："你们一般使用哪些网站？"

学生："Google, Facebook, Twitter and Yahoo."

教师："你们为什么用这些网站呢？"

学生："Because they are amazing and good. Everyone uses them."

教师："这些网站给你们带来便利对吗？中国人爱用自己的网站，其中一个原因是语言。英语在中国不如在菲律宾那么流行。所以，你们看，中国的网站更能照顾到中国用户的需要。人人网也有很多功能是Facebook所没有的。这些东西是抄袭不来的。"

对比两段对话，可以比较清晰地看出HH话题中心的转移：从中国网站是否抄袭偏移到"我们中国有自己的网站，而你们菲律宾没有"。HH的消极情绪虽然隐蔽，但还是被学生捕捉到了。于是在这段对话结束后，学生抛出了一个与网站毫无关联的问题："Why Chinese people eat everything?"这个突如其来的"挑衅式"的问题，很可能就是学生对老师的情绪的反弹。

第二类是倾向于把学生（特别是儿童或青少年）出于无知或另有内因的"反中言论"上升到危害中国国家形象的高度来分析。而背后的原因则跟上述第二类学生的反应是有关联的：由于中国有很多对手甚至敌人，因此我要时刻维护我的国家和文化。

案例5的提供者WR在案例分析中写道：

> 6月21日，是这个班级汉语和中国文化选修课的最后一节课。在完成当天的教学任务后，还有15分钟的时间。针对学生平时对中国文化的好奇，经常提些稀奇古怪的问题，我跟他们说，利用这最后十五分钟，大家可以把一些对汉语或中国文化的问题提出来，我尽量解答。
>
> 听到我这么说，同学们议论纷纷，讨论着有什么问题。一个坐在我面前的女生，拿起她手上印着"中国制造"的笔问我："老师，为什么这么多东西都是中国制造的呢？"果然是个好问题，我心想。碍于西班牙语还不是十分流利的关系，我只能简单解释了中国人口多，劳动力便宜，所以很多国家的工厂都设在中国来降低产品成本，也就是大家看到即使在西班牙，到处都是"Hechon en China（中国制造）"的原因。随后有几个学生也提出了一些问题，都是比较正面的，如为什么中国可以生产那么多先进的电子产品？中国人吃饭真的完全只用筷子，而不用刀叉？后来，一个女生的提问打断了这样良好的趋势。

她的叙述非常有意思，在她看来，学生如果只问关于中国的正面的问题，就是一个良好的趋势；反之，就是不良的现象。这说明她对自己文化的认识是：本族文化都是正确的、良好的。他人对自己文化的批判是由于其没有按照本族文化的标准来判断,就是错误的认识。这是典型的民族中心主义的表现。

再看她对遭遇"中国人吃猫吃狗吗"这个"负面"问题的分析:

> 学生对中国的认识仍处在蒙昧状态。虽然学生已经上了一个学期的中国文化课,但是一些根深蒂固的偏见,如果没有教师专门的提及和纠正,将会一直存在。产生这样的问题,归根到底还是学生对中国的认识浅薄,了解少之又少。在西班牙的社会环境下,学生头脑中有关中国的信息本来就少,记忆印痕最深刻的是一些轰动而有记忆点的信息,比如中国人喜欢吃猫吃狗。即使经过一段时间灌输中国文化的正面知识,这些观念仍难以抹去。

> 案例中女生认为中国人都喜欢吃猫狗的看法本身并不令我惊奇,但令人惊讶的是,竟有口口相传的例子为证,描摹得绘声绘色。先不论这例子是真是假,但是流言的舆论导向对学生形成对中国的看法有着极大的影响。学生是从哪里听到这样的说法的呢?来源于父母、朋友还是媒体?这些我都不得而知,但很有必要探其根源。这个年龄段的学生,自身判断力还不够成熟,容易被流言误导而产生偏见,一旦偏见形成,三人成虎,只凭汉语教师在讲台上的独角戏,难以根除,对学生学习汉语和中国文化都将有长远影响。

这两段分析存在好几处似是而非的地方。首先,她说学生对中国的认识处于蒙昧状态,有着一些根深蒂固的偏见。如果几乎都没有认识,何以产生根深蒂固的偏见呢?其次她认为如果没有教师纠正,就将会一直存在。然后她又指出这些学生已经被"灌输"了一段时间的"正面的"中国文化了。那么,"教师纠正"到底有没有用呢?

无论哪个国家的普通国民,对其他国家的认识都是很有限的,刻板印象和偏见无处不在。但除非有特殊的历史原因,很难想象一些孩子会对某一个外文化有所谓的根深蒂固的偏见,特别是在与来自这个文化的老师接触了一段时间之后。如果WR的叙述是事实，那她自己是最应该检讨的人。但很有意思的是，她反过来批评学生。

在第二段，她很严肃地探讨了抹黑中国人的谣言的形成、传播和影响。可是，即使是她本人也在反思中承认，确实有中国人吃猫吃狗。这说明，学生提供的有中国人吃猫吃狗的例子不是流言，而是事实。对此，XQ同学已经给出了简单直接而有说服力的回应。

WR之所以会做出这种无的放矢的案例分析，反映出其深受民族中心主义的影响，不知不觉中将其"中国人"的身份置于其教师身份之上。她忘记了，在课堂语境中，她的第一身份当然是语言教师，其主要职责是教授语言（顺便包括文化）知识，维护国家形象要建立在实事求是的基础上，要有勇于承认错误和接受批评的勇气。因为任何一个国家都存在这样或那样的问题，任何一种文化都存在与其他文化的差异，而任何人对问题和差异都会有自己的看法，这是十分正常的事情。我们应当冷静客观地应对不同的看法，而不是通过反驳和激化矛盾来迫使对方改变看法，因为反驳或激化矛盾本身往往就很容易伴随民族中心主义的情绪。前面我们已经看到她的现场应对是十分失败的，而从她自己的分析看，她的语言文化教学的效果似乎也令人怀疑。原因之一，就可能是她相当强烈的民族中心主义阻碍了其作为教师对事实的判断和分析，也阻碍了她与学生的跨文化交流。

其他志愿者的反应没有WR那么激烈，但是他们跟WR一样不约而同地选择否认负面信息来维护国家形象。而在美国教学的YL是其中比较灵活的一位。

案例11：

YL在教学日记中写道：

有一天，在课堂上，我们班学习唱《中国话》这首歌，这是克斯最喜欢的一首歌，他还会跳里面S.H.E.的舞步，会模仿MV最后一个外国人问路和中国人答话的有趣场面。我们把高潮部分唱了两次，同学们的情绪开始高涨。一个同学问：

"S.H.E.是姐妹吗?"

"不是,中国人家里只有一个孩子。"另一个同学说。

"中国人只喜欢男孩子。"这时一个同学把话题扩展开来。

"中国人生了女孩就会送给收养中心!"克斯总是语出惊人。但这次的话真让我预想不到,原来在一个11岁的美国儿童心目中对中国文化竟怀着这样的看法。

当时我笑了,说"怎么会呢? 你到中国的时候看见路上只有男孩子吗? "(克斯和父母一起到过中国旅游)"好! 我们做下一个练习。"结果,这个敏感话题就此打住了。

学生说"中国人生了女孩就会送给收养中心",当然是一个伪命题,可是老师的回应:"怎么会呢? 你到中国的时候看见路上只有男孩子吗?"貌似机智,但严格来说,是用狡辩的逻辑来应对学生以偏概全的逻辑。

还有一些教师志愿者则抛出一些似是而非的相对主义言论。

案例12:

在菲律宾孔子学院教学的ZY班上有几个韩国学生,他们忽然问起了中国政治制度的问题,并追问ZY:"中国内地和中国香港,哪个政治制度比较好?"她没有正面回答。

ZY知道学生们都去过中国,便反问学生:"你们都去过北京,喜欢那里吗?"

"嗯。吃的和玩儿的很多,城市也很漂亮。"一个学生回答道。

"那你们去过香港吗?"

"去过,离这里很近。我妈妈经常去那里shopping。"

"那你们喜欢香港吗?"ZY又问。

"还行吧。那里的名牌比较便宜。香港有很多外国人。香港有很多大的商场,不过也有很多没钱的人。"

"嗯,对。我觉得香港和北京的经济都很发达,人们的生活也都很幸福。

制度不同是因为环境不同,不能说哪个好,哪个不好。"

ZY在案例中写道,她当时关心的是如何把学生的注意力从政治制度的讨论转回教学内容上,而事实证明她的回应也奏效了。可是,如果她遇到的是有更强思考能力的学生,这种"只有不同,没有不好"的答案就会遭到很强烈的质疑。

第三类反应,也可以与前面的学生反应相对照,就是在遇到一些对中国文化或国情的疑问时,教师的民族中心主义会引起即时的防卫心理,使其迅速地做出对方在用自己的行为准则和道德规范来评判中国的假定。

案例13:

CT在孟加拉国的孔子学院工作,他的学生都是利用业余时间学汉语的成人。案例发生的课上,学习的课文里出现了"我要一瓶啤酒"这样一句话。

在讲解课文的时候,有一位学生提出了这样的问题:"老师,中国人很喜欢喝酒吗?"CT很奇怪学生为什么会这样问,于是就问学生:"你为什么会这样认为呢?"学生回答说:"他们吃饭的时候就要喝啤酒。"班里的另外一个学生这时在一旁补充道:"老师,我去过中国出差,去过青岛,和中国人一块吃饭的时候,我不喝酒,但是他们都让我喝酒。"这时,CT意识到课文的这句话给学生形成了中国人喜欢喝酒的印象,甚至会强迫别人喝酒。于是,CT就向学生解释了中国的酒文化。中国的酒文化已经有很长时间的历史,在招待客人的时候饮酒更是一种习俗,但是由于社会的进步发展和地区差异,并不是所有的中国人都喜欢喝酒。同时中国人认为在招待客人的时候,喝酒是一种加深友谊的方式,但是如果客人明确表示不能饮酒,中国人也不会强迫客人饮酒。经过CT的解释,学生打消了中国人喜欢喝酒、喜欢强迫别人一起喝酒的印象。

CT的逻辑是这样的:教材的一句话和一个同学的个人经历造成了学生认为中国人都爱喝酒,还爱强迫别人喝酒的印象,而他们的文化习俗是禁酒的,所以他们一定认为这是一件糟糕的事情,因而,可以认定他们对中国产生了偏见,他作为教师有责任扭转这个偏见。

其实，从案例描述看，孟加拉国学生只是提了一个很简单的问题："中国人很喜欢喝酒吗？"学生来自没有饮酒文化的国家，因此推测一边吃饭一边喝酒也许就说明了中国人很喜欢喝酒。他是在以提问来证实或证伪自己的推测。这一提问不能算是一个"印象"，也并不必然含有道德评判（例如"中国人很喜欢吃饺子吗"）。至于补充自己的个人经验的同学，则纯粹是叙述了个人的经历，话语里的"中国人"是特指跟他吃饭的中国人。他的话是事实陈述，也不是"印象"。同样，这位学生也并没有像上述的越南或菲律宾学生那样对作为群体的中国人进行任何道德评判。总之，仅从文字描述看，这两位孟加拉国学生的言论并未反映出任何对中国的攻击态度。

CT的误判说明他自动而迅速地将孟加拉国学生假定为会以自己的行为准则去评判外文化的人，这种对外人的"有罪假定"反映出他似乎还处于跨文化敏感度的第二个时期，"将世界分为'我们（自身文化）——他们（其他文化）'两个极端的"防卫阶段，在这个阶段的人会"假想受到了与自身文化有差异的文化的攻击"。CT的防卫心理使其臆想出了一次潜在的文化冲突。而他急于消除所谓的偏见，甚至到了不惜歪曲事实（众所周知，中国的确有劝酒文化，尤其在北方）的程度。

其实，即使是一些貌似对方在用自己的道德规范评判中国的偏见言论，教师也完全可以从另一个角度去解释它们。

案例14：

在菲律宾的ZR又遭遇了一次挑战。

在四年级的一次课堂练习中，为了练习生词"很多、只"，ZR让学生们试着用汉语写出"很多中国人只有一个孩子"这个句子。在翻译完这个句子之后，有的学生就问："为什么只有一个孩子？"ZR就给学生们讲起了中国的独生子女政策。刚讲了一点，立刻有男同学大声问："要是生了双胞胎怎么办？要是生了两个会怎么样？"紧接着就有其他男同学大声说："会被杀掉。"还有的男同学说多生的孩子会被卖掉。然后班里就开始议论起来。男同学们一本正经地说，女同学们则半信半疑，有的脸上还有惊恐的表情。

男生们怎么会这样回答？而且同学们还露出了惊恐的表情……如果教师带着防卫心理，完全可能迅速地假定：第一，他直接或间接地接触到了有关中国人口政策的负面报道；第二，菲律宾是天主教国家，堕胎是一种罪，因此孩子们用这种道德观念去判断中国人。

ZR却没有这样想，她在反思中写道："十岁的孩子由于年龄偏小，给出答案经常只是凭借自己的猜想。在教学过程中要做好心理准备，应对各种孩子式的出奇答案。"因此，她应对得轻松愉快。

她对学生们笑着说："杀掉卖掉是多可怕的想法呀，怎么会这么残忍呢？"然后学生们就开始认真听到底会怎么样。ZR就给他们讲解，在中国，大多数人是支持独生子女政策的，就是说他们本身就只想生一个孩子，他们认为这样可以用有限的时间和精力照顾好这一个孩子。这样只生一个孩子的决定是受到国家鼓励和奖励的。如果超生，也不会出现孩子被杀掉卖掉的情况的。学生们这才明白了。然后ZR就和学生们一起讨论，就算是在菲律宾，也不是每个人都有很多孩子，也有的人选择只要一个孩子，班里就有独生子女，这是可以理解的，不奇怪。整堂课氛围也就变得轻松愉快，看着小小的孩子们认真地说自己的观点，积极参与讨论，同时又了解了中国文化的一个方面，ZR感到非常开心。

尽管ZR跟前面的几位案例提供者一样，都有意无意地给出了不完全诚实的回应，但是她的"无罪假定"使她始终带着积极的情绪去与学生互动，最终师生都非常开心。

3. 如何避免民族中心主义可能引起的碰撞和冲突

从案例反映的情况看，大部分教师志愿者仍然处于民族中心主义的阶段；而我们也可以想象，他们的学生也多半仍然处于民族中心主义阶段。每个人的个性、文化背景和经历也都制约、决定了他们认知结构的发展进程，因此，有多少教师志愿者能够通过上跨文化交际课、培训或一年半载的海外经历就完成世界观的转变？这是一个问题。但是通过分享和分析这些"过来人"的经验，我们还是可以总结出以下几条避免文化碰撞的指南。

第一，语言教学第一。

虽然语言教学和文化教学关系密切，但是对于国际汉语课堂交际，考察、判断一个教学活动或环节的价值的首要标准，仍然应该是其是否为学生提供了操练语言技能的机会。我们必须认识到，学习汉语的学生不等于就是对中国感兴趣甚至有好感的学生。

案例15：

在国际学校高中部工作的TX给学生布置了一个研究性的作业，要求他们课后选择一个关于中国的话题，进行网络搜索，做一个情况汇报。一位来自尼泊尔的女孩对此表示了强烈的不满，她明确表示自己对中国不感兴趣，不想做此类研究。TX后来同意其选择其他题目作为汇报主题。她的反思发人深省：

事后分析整个事情，其实都是我们以中国为中心的思想造成的，这个问题似乎已经变成了我们的惯性思维。在中国学习，当然要学习和中国相关的一切……其实，很多国际学校的孩子都是背井离乡，因为父母的生意和工作调动来到中国的。他们本身对于来到这里就有一点抗拒和无奈，再加上都是要升入加拿大和美国大学学习的，汉语只是其中一门算学分的课程，这样就造成了他们不论从内心感情上还是实际需要上，对汉语的热情都不是那么高涨。

我作为一名对外汉语老师，是要有足够的自豪感，但是也不能把外国人喜欢学汉语当做理所应当的事情，好像他们在这里学习中文就应该怎样，这是一种主观的想法。我想，在国际学校这种环境中，我应该从学生的实际情感出发，就像后来对于这个尼泊尔女孩的课题选择上的让步一样，我既要尊重她想研究自己感兴趣的课题的愿望，同时还是要尽量引导她发现中国文化的优美之处，但这并不是强迫的。我要时时刻刻提醒自己，"换位思考"的重要性，从学生的角度出发，思考每一个教学活动的合理性。

第二，诚实。

每个人都天然地对自己的国家和文化怀有美好的感情，而因为各种历史和现实的原因，更因为现代信息传播的特点，中国在国外的形象有时候是负面的。因此，大多数教师志愿者都会与各种有关中国的负面形象甚至偏见交锋。在哪一种情况下应如何应对，需要具体问题具体分析。

前面的案例让我们看到不少教师志愿者在这种情况下，都有意无意、或多或少地否认或者回避有关中国的负面信息，甚至是不够诚实的。而这种不诚实与教师的身份不符，除了可能削弱学生对教师的信任感外，还可能引起更糟糕的后果。

作为教师，为学生提供有关中国的国情、文化信息的标准应该是：不溢美，不隐恶。

第三，运用移情，寻找共性。

我们看到，不少教师志愿者都成功地化解了可能发生的文化冲突，但是他们的情绪却受到了影响，这也间接影响了他们在海外的生活体验。

如何避免这些负面的情绪和消极的体验呢？运用移情，学会换位思考是很重要的。

如果我们在外地旅行时被骗了，我们会对那个地方及当地人产生不好的印象吗？

我们会不会觉得中国菜就是比别国菜好吃呢？或者家乡菜就是比外地菜香呢？

除了美国等几个发达国家，或者韩国、日本等几个邻国，我们对其他国家的文化，例如巴西，了解多少呢？

我们区分得了西班牙语和葡萄牙语吗？

你的印象中印度是不是脏、乱、差？

难道你不觉得汉语是最美丽的语言，汉字是最美丽的文字吗？

……

必须承认，我们的观念里也充满了这样那样的刻板印象和偏见，也同样有各种无知和自大，因此，我们与学生之间并没有本质的差别，事实上，我们之间的共性可能大于差异。

认识到这种共性，我们就可以以平常心甚至同情心去面对各种差异，平静而睿智地面对各种对中国的傲慢与偏见。

第四，培养跨文化意识，与学生一起成长。

教师每一次对各种有关中国的刻板印象或偏见的直接回应，都可以视为一次文化教学。但如果教师只是关注于事实本身，那么这种文化教学的效果就仅仅停留在知识层面上，不能改变学生的态度，更不能培养学生的技能。同样的道理也可以用于教师设计的每一次中国文化课上。

因此，我们提倡在日常课堂教学中，融入跨文化教学的内容，培养学生跨文化的意识。这种教学观念，不但使学生受益，也可以使教师本人受益，使两者一同成长。

如何在回应学生对中国的疑问的同时引导他们对刻板印象、传媒、自己的偏见等进行辨识和反思，我们在前面的案例中已经介绍了，不再赘述。这里我们重点讲一下如何在中国文化教学中融入跨文化交际的视角。

首先，我们在进行文化教学时，不要一开始就把重点放在文化差异上。跨文化交际的主词是"交际"：虽然我们来自完全不同的文化，但是我们都是能感受喜怒哀乐、要经过生老病死的人类，我们有足够的共性使我们可以相互沟通、相互理解。

案例16：

XQ在给美国小学生准备的第一堂课上介绍了中国。

课上，XQ带着学生认识中国的地图，给他们介绍教室内的各种具有中国特色的装饰品及其背后的文化寓意：京剧脸谱、兵马俑、渔夫帽、穿着旗袍和龙袍的人偶娃娃、带有少数民族风情的布包、算盘、毛笔纸砚、葫芦丝、箫，等等。

XQ的准备不可谓不充分，很有中国特色。可是，在最后十分钟的提问时间里，却迎来了这样的问题："老师，中国有电视吗？你们有电脑、空调吗？"

XQ事后写道：

　　事实上有不少的美国孩子对中国的印象都还停留在成人给予他们的刻板印象之中，以为中国是一个极度贫穷落后的国家……听到他们的问题时，我真的被吓到了，不知道在这些美国孩子的脑袋里，中国到底失真到了哪一个程度，同时也很庆幸自己作为汉语教师来到了美国，很感谢自己有这样一个接触美国孩子并帮助他们重新认识中国的机会。

XQ在案例分析中深入地分析了学生为什么会对中国产生这种刻板印象，但是她完全没有反思自己关于中国的第一课的设计：那些有中国特色的东西传递了什么信息？是否有助于纠正学生对中国的失真的认知？是否强化了他们固有的刻板印象？事实上，假如我们是一个对中国一无所知的人，在看完了XQ呈现给我们的种种古老的、充满奇风异俗色彩的物品后，很可能也会提出跟那个孩子一样的问题。案例6我们看到，XQ对学生关于中国人吃猫吃狗的问题的应对相当得体，而她却始终没有意识到自己的文化介绍内容的安排的失误。这表明，应对学生的问题，这种被动的"应战"，表面上看起来很有挑战性，但其实教师如何主动地进行文化教学，需要更多的考量和经验积累。

案例17：

　　TQ在广州某国际学校担任中学部的实习汉语教师。有一次，她遇到了这样的问题。

　　由于教材内容不多，指导老师要求TQ在完成教材内容的基础上，再找一些跟课文内容相关的学习资料。这个班当时在学习第23课《从石狮说起》，于是她额外准备了一篇《施氏食狮史》和视频《中国舞狮》。原以为学生会玩得很开心，但是《施氏食狮史》对他们来说太难了，只有一个平时学习很认真、汉语也很不错的学生配合并积极地练习，其他学生基本不会读，也没兴趣跟老师读。中途指导老师还帮TQ解围，想把课堂气氛调动起来，但效果也不明显。最后让学生观看视频《中国舞狮》，他们也不怎么感兴趣，有的学生干脆自己看书。

TQ的补充基本上是文化上的,可是却失败了。为什么?究其原因,是这些内容离青少年学生的生活和兴趣点太远,所谓的特色成了交流的障碍。

其次,在设计文化课程的内容时,除了要进行中国文化的介绍,更要关注跨文化意识的培养。

案例18:

WW在韩国一所小学教汉语。中秋节到了,她给五六年级的孩子们准备了一堂文化课。她先介绍了中国的中秋节习俗;接着请学生介绍了韩国的中秋节习俗,并告诉学生韩国的中秋节食物的中文说法;最后她还介绍了日本和越南的中秋节。她在案例分析中介绍了自己的设计理念:

> 现在的教学应放在全球一体化的教学理念下,不要因为自己是中国人,是汉语教师,就只是禁锢在中国这一块。放开视野,把能够用来教学的内容都囊括进来。这样不仅开阔了自己的视野,也可以让学生获得更多的知识,一举两得。在寻找教学资源这一方面,也是如此。在Youtube等外国的网站上也可以找到很多内容生动有趣的资源,需要的仅仅是我们有这种意识。

"全球一体化"的教学理念,就是要将"世界很大,每个人都有不同的做事情的方式"这个观念扎根到学生的头脑里,进而建立"不以自己的标准去评判别人"的价值观。

实际上,我们不能只依靠有限的文化课去实践这个理念,而是要在平常的教学中抓住一切可能的施教时机。

案例19:

LL也在广州某国际学校教小学二年级汉语。在一节课上,学生们写了一篇小文章《我的一天》,写下他们一天做的事情,然后向同学介绍自己的一天。

其中有一个学生说她早上吃饭前洗澡,很多学生都很意外,说他们晚上洗澡,但是也有学生说他们早上洗澡。突然,他们就对洗澡到底是晚上洗还是早上洗讨论了起来,还特别起劲,这是LL万万没想到的。虽然中国人一般都是晚上洗澡,但是,要是碰到有人早上洗澡,大家作为成人也不会诧异,因为知道这是习惯及文化的不同,不是什么对或者不对的问题。可是,孩子还太小,他们可不知道这个,于是他们要争出个对错来。

LL说:"有的国家的人,喜欢晚上洗澡,有的国家的人喜欢早上洗澡,老师喜欢晚上洗澡,谁也喜欢晚上洗澡啊?"晚上洗澡的学生都纷纷说自己是晚上洗澡。

"但是,有的人喜欢早上洗澡,就像……(学生名字)。这没有关系的,就像不同国家的人,吃的也不一样,是不是?中国人喜欢吃什么?"学生们开始说"米饭""饺子""鱼""鸡"……然后,LL就叫不同国家的学生,问他们国家的人喜欢吃什么,他们自己喜欢吃什么,之后,学生就不再争论这件事了。

LL同学很敏锐地抓住了"早上洗澡还是晚上洗澡"这个施教时机,给孩子们上了一次很好的跨文化交际课。

现在,让我们回到本节开头的两个思考案例。你的答案是什么?

在第一个案例里,CL和孩子的关系中,CL是有权有影响力的一方。以下是我们给CL同学的一点建议。

首先,要分析这个孩子为什么会写那样的话。CL其实已经在案例分析里写得很深入了。她认为这个孩子之所以这样说有两个原因,一个是学习让他感到很大的压力,一个是韩国的民族中心主义盛行影响到了儿童。

然后,设身处地地想象一下,一个敏感内向的孩子在什么样的心理状态下会写出这么极端的话?作为老师,第一个反应,应该是同情、担心多于震惊和生气才对。不应该报告班主任了事,而是应当把这一次"冲突"作为一个施教时机来看待。

CL可以给孩子写几句话(如果韩语不好,可以请其他老师帮忙翻译):"××,你好。我看到了你写的话。我不生气,因为我能理解你的感受:学汉语不容易,汉字也难写。你知道吗?你已经做得很好了,我对你的学习很满意,特别是你的汉字,写得漂亮极了。但是,你写的话让我伤心。你想想,如果你的朋友对你说他要打倒你,你会是什么感觉?你也会跟我一样伤心吧。我喜欢你和你的同学们，而且，有很多中国人都跟我一样，喜欢韩国，把韩国人当作自己的朋友。"

在第二个案例里，ZM和主管的关系中，ZM是无权无影响力的一方。以下是我们给ZM的一点建议。

这位主管对中国的刻板印象应该是长时间积累下来的，ZM作为一个年轻的下属，很难与其进行平等有效的跨文化交流。那么，ZM可以做的，只有改变自己的认知和态度。

首先就是辨识自己的民族中心主义的情绪：为什么这个主管一定要对中国有好印象呢？她不喜欢中国为什么会让我感觉那么受伤呢？要意识到，这种情绪和观念是不健康的、不必要的。其次，就是尽量以平和、理性的态度去分析对待主管的言行。第一，新闻里播报的内容是真的，而主管的评论说明她缺乏理性分析现象的能力；第二，与主管打交道的是自己，而不是抽象的中国，因此她认不认可中国其实并不重要，重要的是她对自己的工作是否认可。

跨文化案例分析

1. 你在国外教汉语时，班上有一个男生满脸痤疮，你觉得是这个孩子吃了太多"上火"的食物，就给这个男生开列了一个中国式的"清热解毒"食谱。你的学生回去告诉了他的父母，他的父母知道后觉得事情很严重，就到学校来向负责人反映，认为你向学生灌输了一些"不恰当"的知识。你怎么看待这个问题？如何应对？

2. 志愿者小周老师在东南亚某国一所小学任教。每天上课他都很崩溃，因为学生上课常常迟到，跑进跑出，互相说话，教室里总是很乱的样子。他咨询了当地学校的老教师，老师们却不以为然，他很失望。怎么办呢？

第九章

文化适应

第九章 文化适应

第一节 "人在他乡"——文化休克和文化适应

一、文化休克

"异乡物态与人殊,惟有东风旧相识。"一千多年前,北宋著名文学家欧阳修在西湖边发出这样的感慨,除了东风,别的东西都跟我以前熟悉的不一样。这种"独在异乡为异客"的陌生感觉是当一个人突然处于异己文化生活环境,或是脱离自己原来的文化环境后产生的一种心理状态,这种状态美国人类学家奥博格(Kalvero Oberg)在1960年称之为"文化休克"(Cultural Shock)。"休克"原本是一个医学名词,说的是机体遭受强烈的致病因素侵袭后,由于有效循环血量锐减,致使全身微循环功能不良,生命重要器官发生严重的机能障碍。休克症状由轻到重可能出现烦躁不安、焦虑激动、面色苍白、恶心呕吐、心跳加快、呼吸急促、血压下降、脉搏细弱、神志模糊乃至呼吸衰竭、意识丧失等。

"文化休克"也叫文化震荡,文化冲击。是指一个人进入到陌生的文化环境,由于文化的冲突和不适应而产生的深度焦虑的精神症状。其原因是失去原先自己熟悉的文化象征符号,而以往社会交往手段和方法也失效时产生的一种慌张、迷惘、疑惑、恐惧,甚至排斥的心理状态。面对陌生的文化符号,加上以往熟悉的社会交往手段和方法失效,他对这个陌生的文化感到无法理解,很难沟通。医学上的休克主要是由于供血不足造成的,而文化的休克是沟通失能带来的。例如一个人突然置身于异国他乡的一个陌生环境,眼前的一切都很陌生,看不懂的文字,听不懂的话语,甚至器具设施都变得陌生,他可能会失去以往很自信的生活能力,因为他发现自己什么都不会做了。不会买东西，不会坐车，不会订宾馆，不会问路，连喝水、上厕所都变得很困难。他似乎变得很弱智，很幼稚，很无能，他发现他不再有力量，有虎落平阳的感觉，因为他无法跟这个文化沟通，他不了解这个文化，这个文化也不了解他。文化休克发生于从一个熟悉的文化进入陌生的文化环境，如一个中国人到了外国；也可以是从一个文化进入自己原有文化，如一个在国外生活了很多年的人回到了祖国。只要是文化环境发生根本性的改变，文化休克都可能出现，但是休克的程度有所不同。

案例

有一部叫《蓝眼睛，中国二十一天》的纪录片，是留学美国的中国导演纪易达拍的。纪录片的主人公叫Luke，他是一个22岁的白人青年，生活在明尼苏达州的一个人口只有6万人的小地方。Luke的性格寡言内向，导演说他是一个"最不像美国人的美国人"。他出生以来就生活在那个小地方，连火车也没有坐过，去过的最大的城市就是有几小时车程的芝加哥。

2013年暑期，纪易达把他带到了中国。在中国的21天中，他们穿越了中国的6个省，8个城市。广州、北京、西安……，长城、黄山、少林寺……。可是，巨大的文化差异让Luke在中国的旅行面临前所未有的文化冲击，拥挤的人群、喧闹的环境、不同的礼仪、思想观念的差异让Luke在中国的旅行十分不开心,除了看少林功夫表演时笑了以外,他几乎没有笑容……到最后,他整天心里想的就是早点儿回家。在旅馆中,他终于彻底崩溃,放声大哭。纪易达在反思这次旅行安排时说,他本想让一个美国的农村青年能感受中国博大精深的文化,品尝中国的美食,欣赏中国壮美的景色,然后他会渐渐喜欢上这个文化,爱上这个文化。可最后却得到一个事与愿违的结果。

案例分析

Luke在中国的表现就是典型的文化休克,如他诉说在餐厅十分不适,因为他觉得服务员应该主动上来跟他打招呼,那是他在美国熟悉的。要他招手把服务员叫过来,他觉得不礼貌,这是因为他对中美双方服务方式不同缺乏了解。他在中国的火车卧铺车厢如坐针毡,因为车厢里的广播一直播放着,他无法忍受。相比美国文化,中国、意大利、希腊、土耳其和阿拉伯国家要嘈杂一些,这是文化的差异,Luke对此没有心理准备,因此在黄山旅游时,他没有一丝兴趣欣赏美景,只想快些逃离喧闹的游人。

Luke对进入中国文化环境缺乏思想准备。一个来自美国农村的高中生,连自己国家的很多地方都没有去过,见识有限,跨文化知识缺乏,突然一下子到了遥远且文化差异很大的中国,这个文化的冲击可想而知。他抱怨中国人多,这很好理解,从一个6万人的安静小城市到人口超过1000万的大城市广州和北京,这差距是巨大的。如果是一个来自纽约、巴黎的欧美青年,情况或许不会这么糟糕。还有,中国导演纪易达团队并没有充分预计到Luke所受的跨文化冲击,他们为Luke提供的思想准备和物质准备也不够,交通基本是硬卧,住宿也是条件一般的宾馆,甚至在游览长城的那天没有吃早餐,这些都加剧了Luke文化休克的影响。最后,Luke过分内向的性格对他的文化适应也带来负面的影响,一般而言,开放、活泼、乐观的性格能降低文化休克的影响,更好地适应新的文化环境。

思考

1. 文化休克通常是由哪些具体事件造成的?
2. 文化休克产生的原因是什么?
3. 文化休克会让人表现出怎样的精神症状?
4. 举例说明从其他文化回到自己原来的文化环境时也可能发生文化休克。

二、文化休克的表现

奥博格把文化休克归纳为6个方面的表现:

1. 由于不断进行必要的心理调整而引起的疲惫;
2. 由于失去朋友、地位、职业和财产而引起的失落感;
3. 不能接受属于新文化的成员或者(以及)被这些成员拒之门外;
4. 在角色、对于角色的期望、价值观念、感情和自我认同方面感受到混乱;
5. 在觉察到文化差异后感到的惊奇、焦虑,甚至厌恶和气愤;
6. 由于不能对付新环境而产生的无能为力的感觉。

（胡文仲,1999）

发生文化休克并不可怕,任何人在跨越不同的文化时或多或少地都会产生文化休克的状态,这很正常。我们说过,文化是一整套象征符号系统,在我们自己的文化中,我们熟悉这个象征符号系统的意义,更掌握最重要的交流工具——语言。因此,我们有能力理解和运用这套文化象征符号去达到与人沟通的目的,至少我有把自己意愿付诸行动的能力并确信这种行动会有效果。我会问酒店服务员今晚还有什么样的房间,酒店提供怎样的服务,价钱如何;我会在肚子饿的时候走进一个餐厅点上一些喜欢的小吃；我会在吃饺子时要一碟陈醋；我也会在会议上对主讲嘉宾的一段演说发表意见。在我自己的文化中，我是自己行为的主人。同样，别人的言行我也能了解其意思，我知道怎样应对才得体。我会在参加别人的婚礼时送上礼金；我会在朋友跟我碰杯后一饮而尽；我会在客人表示离开时说"再多坐一会儿"……而在一个新的文化里，我发现原来的一切都不好使了，甚至举手投足都跟这里的人不一样，我端碗吃饭别人说我没教养（韩国人吃饭时不能端碗），我走路时跟别人迎面撞在一起（英国靠左行走），我穿一件白色裙子去参加闺蜜的婚礼别人说失礼（在美国婚礼上女宾穿白色衣服是禁忌），我对司机的关心被认为是矫情（菲律宾司机不会跟雇主一起用餐游玩）……怎么做怎么错，头都大了。其实这就是文化休克。因为在一个新的文化里，礼仪、风俗、习惯、观念都可能是不一样的，你以往熟悉和得体的一切都可能变了，甚至变得不合适，不得体，你好心的一句"你吃了没有""你多大年纪了"可能会被别人误会成刺探隐私而招致白眼。在这种情形之下，你的情绪会焦虑不安，甚至沮丧。在严重的情况下，心理和生理方面都会出现问题，最严重的会导致精神失常或自残自杀。

  我们继续分析Luke在中国的文化休克。Luke对在中国要不断进行必要的心理调整感到疲惫和厌倦。他说，在这个国家似乎我要让自己变得无礼才能和人交流。其实这是他对不同文化交际习惯的差异缺乏了解，中国人的交际习惯让他觉得"无礼"，他无法接受。其实招呼服务员过来在中国文化中从来不是一个"无礼"的举动，在美国是"无礼"的在中国未必也是"无礼"的。而在一些文化中"友善"的交际形式在另一些文化中可能是"无礼"的，如摸别人的头，这个很多文化中的"友善"举动，在泰国就是一种冒犯。同样，卧铺车厢里的广播并不会让中国人如坐针毡，有些中国人甚至还很陶醉在这样的环境之中。Luke的痛苦完全是不能适应新的文化环境所致。他小地方的成长背景以及过分内向的性格，他的中国伙伴没有提供有效的帮助和纾解都加剧了他文化休克的痛感。

思考

1. 举例说明文化休克的表现通常有哪些。
2. 说说文化休克和文化象征符号之间的关系是什么。
3. 文化休克会产生怎样的后果?

三、文化适应的方式

文化适应(Culture Adaptation)最早由美国民族事务局的鲍威尔(J. W. Powell)在1883年提出。美国人类学家雷德菲尔德(Redfield)、林顿(Linton)和赫斯科维茨(Herskovits)在1936年给出了文化适应较为正式的定义:"由个体所组成,且具有不同文化的群体之间发生持续的、直接的文化接触,导致一方或双方原有的文化模式发生改变的现象。"心理学家认为文化适应不仅是一种群体水平的现象,也是一种个体水平的现象。1967年,格雷夫(Graves)提出了心理学的文化适应的定义:"个体由于与其他文化接触或参与其所属群体所正在经历的文化适应而产生的心理和行为上的变化。"

跨文化适应实质上是跨文化参与者如何在两个文化中确立自己的文化身份,以及处理原有的文化和客居新文化的关系。约翰·W.贝瑞(John W. Berry)1990年提出的"跨文化适应模型"(Cross-Cultural Model of Acculturation)影响很大。这个理论模型把跨文化交际者的文化适应按态度被分为融合(Integration)、分离(Separation)、同化(Assimilation)、边缘化(Marginalization)四个类型。

融合就是文化适应者在不丢失自己原来的文化身份和文化特征的同时,也愿意接受和容纳客居文化,并与客居文化的社会成员建立良好的关系,最终拥有二元文化特征。很多国家的侨民具有这种特征,如一些在国外的华人华侨,他们很好地保持了中国文化的同时,对客居国文化也非常精通。他们精通中外双语，过春节也过圣诞节，喝茶也喝咖啡，在两种文化中都几乎是母语者的水平。这是一种比较好的适应类型，它常常出现在主流文化实行多元文化主义策略时，因为多元文化强调各种文化平等相处，互相尊重，各自在保护和传承自己文化的同时，共存于同一个社会，这就给文化融合创造了很好的环境。

分离就是文化适应者希望与客居文化隔离，不发生关系，他们只想保持自己原来的文化身份和文化特征，与客居的主流文化在情感和物理上都很疏离。这种情况也时有发生，尤其是两种文化处于一个不平等的处境时，处于非主流或"被统治"的文化出于保护自己的文化的纯洁或其他社会经济等原因，会与处于统治地位的主流文化保持距离。"不食周粟"就是他们的策略。在一些实行过种族隔离政策的国家，有过不少"被统治"的文化与主流文化分离的例子。如以前美国或一些国家的中国城，里面完全是一个中国人的社会，说中文，吃中餐，有些人在那里住了一辈子都不会说英文，也基本不与美国主流社会人士发生关系。这种自我隔离是一种不太好的适应类型和心理，尤其在全球化的今天。

同化就是文化适应者基本希望或放任自己原有文化身份和特点消失，主动使自己的价值观和文化特点与客居的主流文化同质，最后取得主流社会的文化身份。同样以海外华人为例，现在很多新一代华人对中国文化很陌生，不会说中文，不懂中国文化传统，价值观念、思维模式、行为方式都是外国的，除了有中国人血统之外，几乎没有太多中国的印记。当主流文化实行熔炉策略时，非主流文化往往会被迫接受同化，这正是主流文化希望看到的结果，因为它充满了文化优越感和居高临下的骄傲，去"教化"所谓"落后的文化"和"野蛮人"。澳大利亚白人移民对原居民的同化过程就非常残酷血腥，如1910年，澳大利亚通过一项法令，允许当局可以随意从土著家庭中带走混血土著儿童，把他们集中在保育所等处接受白人的"教育"。在1937年，澳大利亚政府更通过一项可以武力同化混血土著人的法令。1972年，澳大利亚政府重新认识土著人问题，并开始考虑土著人权利的法律保障问题,"多元文化政策"随之开始起步。2008年2月13日,澳大利亚总理陆克文代表政府向被暴力同化的土著人道歉。陆克文说:"对于强加给这一自豪民族和自豪文化的屈辱和衰落,我们说对不起。"

边缘化是一种很消极的心理状态,就是处于跨文化适应环境的人很难保持自己原来的文化身份和文化特征,也不愿意接受客居的主流文化身份和文化特征。他们的文化不被接受,他们也不想或不能与和客居的主流文化发生关系。当主流文化实行排外策略时,边缘化常常是非主流文化的选择,他们隐藏、淡化,最后在不知不觉中消解了自己的文化特征。这也是一种不好的适应类型。

在全球化的今天,我们要主动地在保有自己传统文化和身份的同时,以宽容开放的心态与世界不同文化融合。支配、逃避、抗拒文化的交流都是不正确的态度。

 思考

1. 什么是文化适应?
2. 约翰·W.贝里的跨文化适应模型对文化适应给出的四个类型分别是什么?
3. 给出两个文化接触和交往过程中符合不同适应类型的真实例子。
4. 为什么说融合是一种比较好的文化适应结果?
5. 同化为什么不算是一种比较好的文化适应结果?

四、日本残留孤儿的文化休克和文化适应

1945年,日本在第二次世界大战结束后把不少年幼的孩子遗弃在中国,这些日本弃儿被中国人收养长大。1981年,日本政府宣布有组织、有计划地寻找这些被称为"残留孤儿"的日本人弃儿。在中国政府的积极配合

下，到1999年底，共有约1万多名日本残留孤儿回到日本定居。虽然日本是这些孤儿的祖国，但这些在中国长大的孤儿突然置身于日本这个与中国文化不同的环境中时，同样面临巨大的文化冲突，面临文化休克的痛苦。这些孤儿在幼小的时候被中国人收养，绝大多数孤儿以前一直不知道自己日本人的身份，他们像中国孩子一样长大，其价值观念、思维方法、行为方式、语言文化都是中国化的。到了日本以后，他们语言不通，文化差异巨大，很难融入日本社会。他们除了对日本有情感上的亲近外，跟日本社会格格不入。日本研究者大坊郁夫认为："孤儿尽管有自己是日本人的认同意识，但日本文化和知识知之甚少。在日本，他们不得不被看成是外国人。残留孤儿回归的主要目的是想在日本求得政治、经济的安定，想过好生活，但伴随着移民，必须要克服语言和生活习惯障碍以后，才能谈得上适应社会。因为回日本后，他们在中国经营了几十年的人际关系网络、亲属网络、社会地位全部丧失，一切不得不从零开始。"一些学者对这些残留孤儿进行了调查，发现了很多文化休克和文化适应的案例。

有些文化冲突是日常生活上的，如日本人对人彬彬有礼，但这种客气是建立在双方严格自觉的基础之上，他们不到万不得已是不会麻烦别人的，同样，他们也怕别人麻烦自己。而残留孤儿是在中国东北长大，一般性格豪爽，不分彼此，讲义气，重关系，喜欢互相帮助，这跟日本人不一样。中国东北人也有粗犷和不拘小节的性格特点，咋咋呼呼，嘻嘻哈哈，这跟日本人的细腻安静恰恰相反。日本人看不惯残留孤儿大声说话、走路太响……，残留孤儿也嫌日本人"装腔作势"。生活习惯和行为方式的差异给这些孤儿的融入带来很大的困难。下面是几个案例：

A是一名残留孤儿，原为中国东北某省会城市的一名中学教师，女，56岁，现为日本某公司的一位课长。她说："日本人对外国人比较冷淡，当然对西方人例外。中国的女孩子非常顾家，婚后喜欢往娘家拿东西。我常告诉女儿要入乡随俗，家里什么都有，不要因为小事造成夫妇冲突。日本人婚后与兄弟姊妹甚至父母基本不来往。"

B原为一位中国东北林场工人，男，60岁，小学未毕业，现在是日本某工厂的工人。他说："我工作的工厂里的日本人，见我儿女每个月给我点钱，或是给我买点东西，他们就指责我不该要孩子的钱。我就和他们辩论，为什么父母可以无私地养子女，而子女却不能孝敬父母。我常常看见日本的家庭主妇聊天，半开着门，一个在门里，一个在门外，一聊俩钟头，就是不请客人进去。这叫啥事儿？咱中国人多好，都那么热情，互相串个门啥的，别看中国穷点儿，但生活有意思。"

C是一位为残留孤儿提供义务服务的日本女士。她说："日本夫妇也吵架，但他们会把门窗关好，而且压低了声音吵，还不当着孩子的面。但残留孤儿一吵架不仅声音高，还打开门窗，又摔东西又喊救命，弄得全楼都能听见。日本人没见过这个阵势，一听吵架，赶紧回自己家，因为他们生怕让吵架夫妇看见后，显得好像窥到别人隐私而让人觉得不好意思。听到喊救命，就赶快打电话报警，但决不会来劝。残留孤儿却将此说成是日本人绝情。"

（案例来源于王欢《文化休克与边际人格的生成——残留孤儿日本社会适应过程中的文化冲撞》，有删改）

其实这一切都源于中日文化的不同，残留孤儿虽然父母是日本人，但因为他们是在中国长大，其价值观和行为方式是中国式的，与日本文化存在很大差异，这才出现种种不适，这种不适可能需要经过一个相当长的过程才能改善。

 思考

1. 日本残留孤儿的文化特点是什么？
2. 日本残留孤儿的文化特点是如何形成的？
3. 举例说明日本残留孤儿在日本的文化休克。
4. 你认为日本残留孤儿的文化适应结果会是什么？

五、跨文化交际适应模式

跨文化适应是一个复杂的过程，许多学者对其进行了研究，提出了不少理论，主要涉及五大常见模式：恢复模式（Recuperation Model）、学习模式（Learning Model）、复原模式（Recovery Model）、动态减压模式（Dynamic Tension Reduction Model）和辩证模式（Dialectical Model）。

斯韦勒·利兹格德（Sverre Lysgaard）1955年提出的"U形曲线模式（U-Curve Model）"是学术界普遍接受的模式，U形曲线模式与奥博格文化休克理论结合，可以很好地描述跨文化交际适应者在客居新文化的环境中的情感变化。U形曲线模式是把跨文化交际者的整个心理过程依据其满意度画一条曲线，这条曲线的变化正好类似一个U形，从高开始，慢慢下降，后来又逐渐升高，画出了跨文化适应的4个时期：蜜月期、危机期、恢复期和适应期。

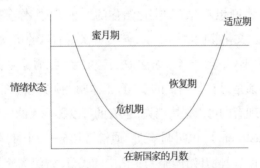

文化冲击和适应的4个时期（张牧青制作）

蜜月期（Honeymoon）。这是一个兴奋和愉悦的时期。当一个人进入一个不同的文化环境之中，虽然他可能会有些担忧，但这时异国情调的新鲜感让他对眼前的一切都感到新鲜有趣，兴奋和愉悦会战胜这种担忧。处于这一阶段的人有强烈的好奇心，急了解新的东西，对文化差异的冲击认识不足，缺乏敏感，而乐于加固强化那些与自己文化的相似之处。这一时期天是蓝的，人是善的，事是美的，新的文化中充满乐趣，你会在朋友圈拼命晒你的幸福，让全世界知道"你在他乡还好"。但是，蜜月期就是蜜月期，这个阶段也会过去的。

　　危机期（Anxiety），也叫休克期，沮丧期，挫折期。这个时期每个人出现的具体时间和长短不一样，一般会持续3个月左右。你会真切地感受到文化的冲击，身心很受煎熬。在这个时期，文化隔阂、语言障碍、社会习俗、衣食住行等具体问题慢慢出现。你看到了兴奋之后随之而来的一地鸡毛，你眼里的世界开始变得陌生，文化差异导致价值观、行为方式、信仰的混淆和解体。一切的"美好"似乎都在慢慢褪色，你发现自己是一个"外乡人"，跟这个文化有隔离。这种强烈的"外乡人"感觉让你变得焦躁不安。而且沮丧的心理还会带来生理的反应，你觉得疲惫无力，失眠多梦，水土不服，肠胃紊乱，感冒头疼。这种心理和生理的相互作用让你更加沮丧和不适，而这种情绪却不能有效排解，你发现自己像是落入一个陷阱，愤怒而无助。这种文化的冲击甚至会让人仇视这个新的文化。这时孤独是最平常的感受，然后就是想家，你会不断想着自己的文化给你的温暖感觉，你会努力靠近自己的文化，找跟自己文化相同的朋友玩，热爱并关注自己的祖国和文化，别人不能说你的家乡不好，会千辛万苦去吃一顿家乡菜，看家乡影视剧也让你很愉悦，说家乡话是最让你愉快的事，真正体验"他乡遇故知"是人生美事。这种沮丧的心理有的可以很快消失，也有的可以影响人的一生。

　　恢复期（Adjustment），也叫调整期。通常持续6—12个月，你对新文化有了一定的了解，你又慢慢开始体验到生活中的美好，曾经失衡的心理开始平衡。你表现出跟前两个阶段不同的状态，你会调整自己以适应新的文化，你留意到文化、价值观、信仰和传统的差异，你开始接受这种差异，并会以欣赏的眼光看待这些差异。环境变得熟悉，语言也不再那么难以理解，麻烦变少，事情也变得顺利，你的生活好像再次回复"正常"，连身体的不适也消失了。你开始能够解决文化冲突中遇到的问题，也试着理解和接受新文化的价值观和处事方法。你放弃了对抗和逃避，对新的文化有一定的归属感，你更积极、更自信，也更有方向感，因为你觉得一切都开始变好。

适应期(Acceptance),也叫稳定期。在经历了前三个时期的情绪变化后,你已经到达了一个真正感觉良好的阶段,这一时期你已经在很大程度上适应和掌握了新的文化,你从一个"外乡人"变成了"本地人",有了"地头蛇"的自信。本质上这是因为你已经建立起一个双重文化身份,具备了二元文化的意识和能力,所以这个阶段也常常被叫作双文化阶段。你可以在两个文化间自由地切换,虽然你身上还保留着许多原有文化的特点,例如你的下意识反应、深层的价值观、口音和习惯等。你有原有文化的强烈印记,骨子里充满了原有文化的因素,但你还是在内心留下了足够的地盘,用来接收和容纳新的文化。新的文化给你的不再是压力,因为你理解新的文化,熟悉并适应了新文化的符号系统,你发现你在这个文化里非常自如,你再一次拥有了行动自由、畅所欲言的能力,衣食住行、交往互动很平常,一味地"憋屈"已经远去,虽然适应并不意味着身份的完全转换,但"却把他乡当故乡"的感觉确实在慢慢增长。

关于文化适应,国外学者还提出了很多不同的理论和模型,如古拉霍恩(Gullahorn)将U型曲线假说扩展为"双U型曲线假说",又称"W型曲线假说",彼得·阿德勒(Peter Adler)提出的文化适应五阶段模型等。四个阶段和U型曲线并不是每一个跨文化交际者都一样,但总体而言适应一个新的文化至少需要一年时间。

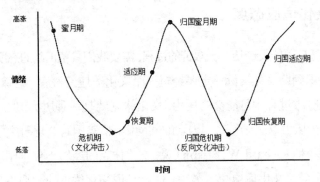

文化冲击和适应的W曲线张牧青制作

思考

1. 请说明一下利兹格德的"U形曲线模式"。
2. 请举例说明跨文化适应四个时期的表现分别是什么。
3. 请对比蜜月期和危机期人们不同的表现,并说明产生这种差别的原因。
4. 请说明适应期产生的本质原因是什么。

第二节 "入乡随俗"——跨文化适应的态度和方法

跨文化适应是跨文化交际中必然要经过的一个阶段,但这个阶段的长短和强度却是因人而异的,因为人类天生具有适应能力,这是生物体的本能和人类发展演进的产物。而且,人的适应能力还可以被有效地培养起来,当我们要面对一个跨文化交际的环境时,良好的跨文化交际态度和有效的跨文化交际方法会给我们很大的帮助。

一、跨文化适应态度

文化适应可能要经历一个艰苦的过程,需要我们具备正确的态度。

1. 认识到跨文化交际一定要经过一个文化适应的过程。约翰·W.贝瑞认为文化适应过程中可能会有压力,文化休克就是一种压力,但文化适应会遇到多少压力取决于一系列因素的共同影响。美国跨文化研究学者理查德·W.布里林(Richard W. Brislin)说,文化休克的经历不仅不阻碍文化适应,还可能会使文化适应更有效率。这就是说文化休克的影响不都是负面的,它也有积极的因素,正如困难和艰苦的环境可以帮助人成熟和发展个性一样，文化休克同样可以转化为文化适应的动力。当我们意识到这一点后，就应该以积极、乐观、自信的态度坦然面对这种情绪和身体的不适，调节自己的情绪，将文化休克的压力和焦虑变成学习和适应的动力。

2. 树立开放和包容的心态。要认识到世界上不同的文化千差万别，生活方式、思维方式、行为方式也存在很大的差异，但是，各个文化都可以平等往来，互相学习。交往中要打破狭隘的文化中心主义，不以自己的文化为标准去评价其他的文化，要给不同的文化以同等的地位，同时敏感而客观地关注不同文化的差异。要用包容的心态尊重对方的文化和习俗，要努力了解和适应别人的文化，学习别人的语言，熟悉别人的生活方式和生活习惯，尽快完成新的文化身份的重塑。随着时间的推移，那些由于文化差异带来的困惑和沮丧会减少。你也会发现，在全球化的背景下，你自己的生活方式和行为方式也能比较容易地被别人理解。

3. 克服刻板印象的消极影响。刻板印象是人们对某一类人或事物产生的比较简单、概括、固定而又笼统的看法，它是我们对客观世界的过分简化形式，好让我们更容易理解实际上并不是那么简单的世界。它有积极的一面，也有消极的一面。其特点是将对一群人或对一种情况的印象进行固定和简化，并运用于对整类人或整类情况的集合。刻板印象是人类心理的内置本能，可以帮助我们更快地领会和抓住周围世界的信息。但它很容易导致负面的歧视和偏见的产生，如将对某个人的印象扩展到对某类人整体，比如某类人都会踢球，某类人都不爱卫生，某类人都爱吃辣等，这是需要克服的。我们在进行跨文化交际时，不要以偏概全，放大负面的感受，更不要让有偏差的刻板印象影响我们的跨文化适应。

4. 克服价值观的冲突。我们知道文化的差异最主要的部分是价值观的差异，而价值观是人对世间万物最重要的是非判断基础和行为依据。跟文化的一些外在形式的差异不同，价值观的差异往往是看不见的，它一旦形成就根深蒂固，很难改变，也很难察觉，这就要求我们要十分小心地认识到不同文化所具有的不同价值观。比如我们知道的权力距离、个人主义和集体主义、男女性别差异、不确定性规避、长期和短期导向等，各种文化是不同的。从另一种文化角度看，你对长者的礼貌行为在另外一个文化可能被认为是对人能力的蔑视，你对别人的关心可能被认为是刺探个人隐私，你工作上的含蓄内敛会被认为是缺乏创意和激情。而从你的文化角度看，别人对孩子个人选择的尊重你可能觉得是家长对孩子的放纵和不负责任，别人因尊重家庭不愿两地分居你会觉得他私心过重对工作不够投入，别人请你吃饭形式简单你会认为他们诚意不够，等等，这其实都是价值观的不同造成的。因为是非、善恶在不同的价值观里有不同的评价，我们一定要有清醒的认识。"入乡随俗"是最重要的策略，我们不一定完全按照本地人的风俗习惯行事，但我们绝对不能按自己的价值观来判断和评价别人的文化。

5. 克服民族中心主义的消极影响。关于民族中心主义，美国社会学家孙墨楠（William Graham Sumner）给出的定义很好："以其个人所属群体为一切事物的中心为出发点来看待事物，对其他群体则按照自己的标准把他们分成等级……每个群体都认为只有自己的社会习俗是恰当的，看到别的群体有不同的社会习俗，就会嘲笑。"犹如《阿Q正传》里的阿Q：

> 阿Q自然更自负，然而他又很鄙薄城里人，譬如用三尺三寸宽的木板做成的凳子，未庄人叫"长凳"，他也叫"长凳"，城里人却叫"条凳"，他想：这是错的，可笑！油煎大头鱼，未庄都加上半寸长的葱叶，城里却加上切细的葱丝，他想：这也是错的，可笑！然而未庄人真是不见世面的可笑的乡下人呵，他们没有见过城里的煎鱼！

跟价值观的差异一样，民族中心主义是一种很容易产生的以民族为单位的主观态度，因为任何人都属于某个特定的民族，生活环境使得他比较习惯和喜欢本民族的生活方式，他本能地热爱这个民族，因此很容易有民族优越感,认为自己民族的生活方式、行为方式、价值观、世界观、人生观是最好的。以自己民族的标准作为衡量其他民族的标准,以本民族的利益为最高利益,这种民族情感时常会表现出对其他民族的不公平,过于强调自身的价值和利益而对其他民族产生没有理性的偏见和歧视,严重影响文化适应和文化交往。如认为厚葬才显示对先人的孝道,畅饮才显示对朋友的尊重,不这样做就是缺乏孝道,不够尊重。坐月子就不能洗澡,做鱼一定要放生姜,不这样就是不合理。凡此种种,都是民族中心主义的消极影响,我们要注意克服。

 思考

1. 开放和包容的心态对文化适应有怎样的影响?
2. 请说说刻板印象会如何影响人们的文化适应。
3. 在外国吃某种食物,面前有你平常蘸的酱和一种外国的酱,你会蘸哪一种?为什么?
4. 举例说明不同价值观如何影响我们的跨文化交际。
5. 举例说明民族中心主义如何影响我们的跨文化交际。

二、跨文化适应的具体实践

1. 结识本地朋友,融入当地环境。跨文化适应过程中的文化休克会让人感到孤独痛苦,会倍加想念故乡和亲人,心理也变得脆弱敏感。这时你要做的是结识本地的新朋友,熟悉并融入新的环境,多参加各种活动,丰富自己的生活,慢慢地你就不会那么想家了。良好的人际关系能为你的文化适应提供很多帮助,你会有一些可以沟通的朋友,遇到问题也可以跟他们倾诉,得到他们的帮助。你要做的就是不能封闭自己,要走出去。

2. 努力了解当地文化,树立自信。融入一个新的文化是需要时间的,开始时犯一些交际错误，出现一些文化冲突都是难免的。你不要责备自己，也不要沮丧，要相信很多时候跟你交际的一方都是友善的，他们能理解你作为一个外国人所做的努力。随着时间的延长，错误和冲突会逐渐减少。你要学习、增强文化的敏感意识，观察和学习新的文化，了解客居地的风俗习惯、行为方式、价值观念。你要多学、多问、多看，有问题一定要向别人请教。要相信自己能很好地完成文化适应过程，越来越有能力独立处理遇到的事情，对别人的依赖也越来越少。

3. 努力掌握目的国的语言。虽然语言能力不是交际的全部，实践中也有一些语言能力不太好，但跨文化交际完成得不错的例子。但我们知道，语言是最重要的交际工具，也是最重要的文化载体，提高语言能力是跨文化交际能力的最有力的保证，也是自信心最可靠的保证。因此，要尽一切可能熟练掌握目的国的语言。"工欲善其事，必先利其器"，外语就是那个"器"，"器"好了，事半功倍。

4. 将心比心，换位思考。既然已经知道文化最大的不同之一就是价值观的不同，那你就应该理解别人与你不同。别人让你难受的行为是有原因的，你要理解。正如你自己的有些做法在别人的文化价值观念中也是很奇怪的或很难被接受一样，比如孩子要给爸爸盛饭，父母给子女带孩子，（某些地方）子女要跪着给长辈拜年等。要尊重文化的差异，并试着用同理心去换位思考，设身处地理解别人的做法，去适应、去接受文化的差异。

 思考

1. 在国外你愿意跟自己同胞玩还是愿意跟这个国家的本土人士玩呢？为什么？
2. 掌握目的国的语言对跨文化交际有什么帮助？为什么？
3. 外国有一种社交礼仪或生活习俗跟你的很不相同，比如用手抓饭吃，你很难接受，你会怎么做？

跨文化案例分析

1. 暑假期间,波兰一个中学生汉语夏令营来到中国。一天,孩子们在学校外边看到西瓜摊的老板和顾客发生了争执,最后还打起来了。事后孩子们都很失望,上课时问中国老师,为什么打架的人不用功夫来打,而是扯头发、扔板砖呢?请问孩子们的失望是怎么回事?如果你是老师,你会怎样给学生解释。

2. 一家德国在华企业业务开展得很好,跟他们合作的中国公司与他们关系友好。逢年过节,中国公司都会给德国公司的中外高层管理人员送上各种应节食品。可是,这家德国公司不少外方管理人员在收到这些应节礼物后都会转送给企业内的中国职员。一年中秋节,中国公司又给他们每人送了一大箱大闸蟹,这一次,外方管理人员几乎毫无例外地把大闸蟹送给了中国职员。请说说这些外方管理人员转送中国应节食品的原因,并对这件事发表你的看法。

第十章

跨文化交际和文化自信

第十章 跨文化交际和文化自信

第一节 我是中国人——中华文化

 热身

1. 人类社会面临什么共同的问题?
2. 习近平主席提出要构建人类命运共同体的重要意义是什么?
3. 习近平主席为什么要提出文化自信?
4. 目前中国经济和文化的地位如何?
5. 中华文化为什么有自信的基础?
6. 中华文化有哪些特质?
7. 在全球化的背景下为什么还要提文化自信呢?
8. 在现代的语境中如何讲好"中国故事"?

一、构建人类命运共同体

人类创造了辉煌灿烂的文明,各种文化在交流学习中共同进步。进入21世纪以来,全球经济一体化的步伐越来越快,随之而来的是文化多元化、跨文化交际需求的快速增长。联合国在2001年11月2日通过了《文化多样性宣言》,强调文化多样性是交流、革新和创作的源泉,对人类来讲就像生物多样性对维持生物平衡那样必不可少。希望各国家、民族在相互信任和理解的氛围下,尊重和承认文化的多样性,认识到这种多样性是人类的共同遗产,而人类在文化交流上以宽容的态度与合作的态度进行对话是国际和平与安全的最佳保障之一。

中国国家主席习近平2019年5月15日在亚洲文明对话大会开幕式上的主旨演讲中指出:"文明因多样而交流,因交流而互鉴,因互鉴而发展。我们要加强世界上不同国家、不同民族、不同文化的交流互鉴,夯实共建亚洲命运共同体、人类命运共同体的人文基础。"

人类社会是一个相互依存的共同体,已经成为共识。人流、物流、信息流在地球上以前所未有的速度互动交流,政治、经济、文化、公共卫生等任何一件事都不再是孤立的,一国发生的危机可以在很短的时间通过全球化传导的机制波及全世界,比如金融危机、病毒传播,没有一个国家可以独善其身,不论你是否愿意。事实上,在世界任何一个角落的人都被纳入一个命运共同体中,需要共同面对关乎人类生存的各种问题,如气候变化、环境污染、恐怖主义、跨国犯罪、地区安全、极端主义、粮食安全、资源短缺、网络攻击、病毒流行等全球性的问题。国际社会只有携手合作,才能有效地应对人类所面对的这些挑战,确保经济稳定、社会安全、地区和平,避免战争冲突、经济危机、生态危机、人道危机给人类带来灾难。

文化的核心是价值观,在全球化的背景下,一种以应对人类共同挑战为目的的全球价值观已开始形成,并逐步获得国际共识,这就是习近平主席提出"构建人类命运共同体"的倡导。习近平主席2012年12月5日同在华工作的外国专家代表座谈时说:"我们的事业是同世界各国合作共赢的事业。国际社会日益成为一个你中有我、我中有你的命运共同体。面对世界经济的复杂形势和全球性问题,任何国家都不可能独善其身、一枝独秀,这就要求各国同舟共济、和衷共济,在追求本国利益时兼顾他国合理关切,在谋求本国发展中促进各国共同发展,建立更加平等均衡的新型全球发展伙伴关系,增进人类共同利益,共同建设一个更加美好的地球家园。"

2011年《中国的和平发展》白皮书提出,要以"命运共同体"的新视角,寻求人类共同利益和共同价值的新内涵。2018年3月11日,在中国第十三届全国人民代表大会第一次会议通过的宪法修正案上,也将"发展同各国的外交关系和经济、文化交流,推动构建人类命运共同体"写入《中华人民共和国宪法》。

而"构建人类命运共同体"的理念,是中华文明"天下观"在新时期的具体表现,中华文化从来将"天下太平""四海安澜""四海之内皆兄弟也""以人为善""以和为贵"当成自己的追求。"礼之用,和为贵",所有的道德追求和行为目标,最终体现出来的就是"和为贵"。也就是所谓"君子不争""克己复礼""计利当计天下利"。这也就是中国"和平发展""和平外交"的文化基础。因为中华民族伟大复兴的中国梦,追求的不仅是中国人民的福祉,也是世界各国人民共同的福祉。"一带一路"倡议就是这一理念下创造美好世界的一个宏大构想,它不仅可以极大地促进对沿线国家乃至整个世界的经济发展,同时也必将有力地推动世界范围内的跨文化对话和文化交流。

二、文化自信

中国是文明古国,中华民族在这块土地上创造了世界上灿烂的人类文明,为人类的进步和发展做出过卓越的贡献。我们也都知道,近代以来,中国积弱积贫,慢慢被世界的发展甩在了后边,变成一个贫穷、落后的国家。孙中山在《建国方略》一书中说:"我中国近代文明进化,事事皆落人之后。"一百多年来,人民遭受痛苦,民族备受欺凌,在世界上形象、地位低下。但是,中华民族是一个勤劳勇敢、自强不息的民族,为改变中国的落后面貌,仁人志士前赴后继,披荆斩棘,不懈努力。特别是在中国共产党的领导下,经过几十年的奋斗,终于将中国建成了一个初步实现现代化的世界经济强国,骄傲地屹立于世界民族之林。

今天的中国是世界第二大经济体,人民安居乐业,经济繁荣发达,而且还以更快、更大的步伐积极参与全球治理,承担大国责任,为世界的稳定和平及繁荣发展源源不断地提供中国解决方案,在全球事务中扮演更重要的角色。世界上重要的区域合作、全球合作，都可以看到中国的参与和付出。今天的中国对世界有重要的意义。客观地说，对世界而言，中国的经济影响力远远比我们的文化影响力做得好，这是一个非常严重的问题。没有人否认中国是一个制造业的大国，但我们也不可否认，"中国制造"远没有变成"中国创造"。

同时，经济的快速发展带来的自信并没有同步转化成文化的自信，跟国际的"接轨"更多的是向外国的学习和模仿，不管是经济的，还是科技和文化。节假日的张灯结彩和新建"古镇"的斗拱飞檐，掩盖不了我们从价值观到日常生活中中国文化实质的"褪色"。在这样的情况下，以习近平同志为核心的党中央提出的"文化自信"就显得意义重大。

2014年6月6日，习近平主席在会见第七届世界华侨华人社团联谊大会代表时讲话，他说："中华文明有着5000多年的悠久历史，是中华民族自强不息、发展壮大的强大精神力量。我们的同胞无论生活在哪里，身上都有鲜明的中华文化烙印，中华文化是中华儿女共同的精神基因。希望大家继续弘扬中华文化，不仅自己要从中汲取精神力量，而且要积极推动中外文明交流互鉴，讲述好中国故事、传播好中国声音，促进中外民众相互了解和理解，为实现中国梦营造良好环境。"

在2016年7月1日，习近平主席在庆祝中国共产党成立95周年大会上发表重要讲话，进一步指出："文化自信，是更基础、更广泛、更深厚的自信。"习近平主席的讲话把文化自信放到一个非常高的地位，这是非常正确、非常英明的判断，为我们进行各国、各民族的文化交流指明了方向，交流不是一面倒地模仿和"接轨"，它应该是双向的，而我们提供的，就是中国优秀的文化，从历史到现在的优秀文化。

三、中华文化的特质

2017年1月，中共中央办公厅、国务院办公厅发布了《关于实施中华优秀传统文化传承发展工程的意见》（以下简称"《意见》"），《意见》指出："文化自信是更基本、更深层、更持久的力量。中华文化独一无二的理念、智慧、气度、神韵，增添了中国人民和中华民族内心深处的自信和自豪。"那中华文化究竟是一个怎样的文化呢？我们该怎么认识我们自己的文化？《意见》第二部分"主要内容"对中华文化做了如下的阐释：

> 核心思想理念。中华民族和中国人民在修齐治平、尊时守位、知常达变、开物成务、建功立业过程中培育和形成的基本思想理念，如革故鼎新、与时俱进的思想，脚踏实地、实事求是的思想，惠民利民、安民富民的思想，道法自然、天人合一的思想等，可以为人们认识和改造世界提供有益启迪，可以为治国理政提供有益借鉴。传承发展中华优秀传统文化，就要大力弘扬讲仁爱、重民本、守诚信、崇正义、尚和合、求大同等核心思想理念。
>
> 中华传统美德。中华优秀传统文化蕴含着丰富的道德理念和规范，如天下兴亡、匹夫有责的担当意识，精忠报国、振兴中华的爱国情怀，崇德向善、见贤思齐的社会风尚，孝悌忠信、礼义廉耻的荣辱观念，体现着评判是非曲直的价值标准，潜移默化地影响着中国人的行为方式。传承发展中华优秀传统文化，就要大力弘扬自强不息、敬业乐群、扶危济困、见义勇为、孝老爱亲等中华传统美德。
>
> 中华人文精神。中华优秀传统文化积淀着多样、珍贵的精神财富，如求同存异、和而不同的处世方法，文以载道、以文化人的教化思想，形神兼备、情景交融的美学追求，俭约自守、中和泰和的生活理念等，是中国人民思想观念、风俗习惯、生活方式、情感样式的集中表达，滋养了独特丰富的文学艺术、科学技术、人文学术，至今仍然具有深刻影响。传承发展中华优秀传统文化，就要大力弘扬有利于促进社会和谐、鼓励人们向上向善的思想文化内容。

《意见》里特别重要的一点是，优秀的中华文化并不仅仅是"传统的"，而是"至今仍然具有深刻影响"。它是一个鲜活的文化，刘奇葆在《坚定文化自信 传承中华文脉》一文中说："贯穿其中的思想理念、传统美德、人文精神，为中华民族生生不息、发展壮大提供了强大精神支撑。"优秀的中华文化也是全人类的共同财富，它博大精深，包罗万象，足够优秀，足够充满魅力，我们在跨文化交际中，要对中华文化有信心，因为中华文化有足够的底气让我们将它和世界上其他文化进行平等交流。平等，就意味着既不妄自尊大，也不妄自菲薄，要有一个正确的态度。我们在复杂的跨文化交际环境中，要以理性、科学的态度看待自己的文化和外国的文化，看待传统文化和当下的文化。文化不是一成不变的，它是一个发展变化的过程，一些文化会随着时间的过去而消失，也可能曾经的"正确"和"优秀"会变成"不正确"和"不优秀"，这都是正常的。"取其精华，去其糟粕"是我们看待自己的文化和别人文化的正确文化观。文化也要与时俱进，不断补充新的科学内容，在对优秀传统中华文化的继承和发展时，要赋予中华文化当代精神和当代气质，不要厚古薄今，要将有生命力的中国风格、中国气质、中国精神的文化形式展现给世界，在现代的语境中讲好"中国故事"。

第二节 中国和世界——跨文化交流和中华文化的传播

中华文化是中华民族五千年来创造的具有独特精神内涵的物质财富和精神财富，在发展过程中，它也吸取了其他民族创造的优秀成果。在今天的全球化背景下，我们在跨文化交际时怎样才能很好地向世界人民介绍中华文化，讲好中国故事呢？我们认为有几点是需要注意的。

一、挖掘中华文化的深层内涵

我们有文化的自信，但讲好故事仅有自信是不够的。我们要讲的是一个怎样的故事？为什么我们会有这样的故事？这个故事背后的理念是什么？它体现了中华文化的什么精神？要做到这点并不容易。中华文化博大精深，需要文化传播者对中国文化做认真的学习和思考，而不是简单地给小孩讲一个寓言故事式地向外国人介绍一个仅仅是"有趣"的古代故事，如画蛇添足、守株待兔、草船借箭等。我们要深刻地把握古代文化经典和先秦诸子的深层文化内涵，探究中国文化心理结构的来源，揭示中华民族世界观和价值观在文化上的体现，不能为传播而传播，更不能不加选择地介绍一些"有趣"的故事而不探究"故事"的内容。

介绍文化时要有预案，有思考，因为文化都带有民族性。在文化传播中，一些信息由于交际双方的编码系统存在差异，有可能导致解码出现问题。因此，文化介绍中，对一些容易导致负面感受的内容要小心，比如"愚公移山"，当外国人提出愚公移山的举动是否破坏环境，愚公一家一意孤行地拼命挖山而不搬走的举动是否愚蠢，若不是天神帮助，愚公将永远不会成功这些问题时，介绍者要有很好的应对策略。要向外国人解释这个故事的内涵并不简单，除了我们通常认为的"坚持不懈，人定胜天"的寓意，也从一个侧面反映中国人安土重迁的情怀，更是一篇充满哲学思辨的寓言。愚公移山这个寓言来自道家经典《列子》，原来是通过愚公和智叟对"移山"这件事的不同看法展现不同的时间观念，愚公是一个"以天地为一朝，亿代为瞬息，忘怀以造事，无心而为功"的合乎道的人，而智叟是一个"期功于旦夕"的俗士，"天帝"因为赞赏愚公这种"契合于道"的做法才派天神把山背走。

中华文化的推广一定不要以"有趣""热闹"为最高追求，而要注意把中华民族在长期的历史发展过程中，对宇宙、人生、社会的深邃思考和应对策略介绍给世界。

思考

1. 怎样理解在文化推广中要注意挖掘和介绍中华文化的深层内涵？
2. 什么样的中国文化内容才能全面展示和体现中国文化的博大精深？
3. 如何挖掘中华文化中的深层内涵呢？

二、寻找人类共同价值

不同的文化间存在差异，但同时不同文化也有许多基于人类共同美好追求的共同价值，如对真、善、美的追求，对公平、正义的追求。这是人类的认知特点和生理特点决定的，任何不同文化之间都有某种共性的部分，这构成了不同文化间可以相互理解和沟通的基础。客观地说，人类共同的情感体验远远大于不同的情感体验，否则"四海之内皆兄弟"就无从谈起。我们在中华文明的传播中，要注意多挖掘那些被人们所认同的人类的共同价值，避免把那些与共同价值差异较大的文化内容当成中国文化的重点介绍给国外的人士。

例如，中国文化中有很多"机智"的内容，"机智"本身没有问题，世界各国都赞美。但是，中国文化太过于推崇这些"机智"和"兵不厌诈"的内容，如《三国演义》的"草船借箭""望梅止渴""曹操献刀""空城计"等，而这些"机智"实则跟"欺骗"界限不清，在价值观上很容易跟其他文化发生冲突。以前也有过外国人在看待《白毛女》中债务关系和人物关系时跟中国人存在较大差异的例子。

曾经有过这样的事，一位在中国工作的外国父亲发现女儿看的很多中国儿童读物不符合他们国家的价值观，他认为不少中国儿童读物中有"暴力""歧视"的内容，他告诉女儿的中文辅导老师说："你们一些儿童读物中有孩子参加战斗，甚至杀人的内容，这很'暴力'；还有，一些读物中对人物生理缺陷进行夸张描写，涉嫌歧视。"他女儿的中文辅导老师看了他说的这些"暴力""歧视",觉得没有什么问题,不过就是小孩上战场、抓坏蛋以及读物里出现了"胖墩、眼镜、猴子"之类的绰号。可见,中外还是存在一些价值观上的差异。这种问题,以某小品演员在美国演出遇冷的事最为典型,海外观众(大部分还是华人华侨)对他的演出内容有许多的意见,他们不愿意看那些拿残疾人、肥胖者和精神病患者找乐的段子。他在国内学瘸子走路、结巴说话的演出能逗得数亿观众笑得前仰后合,可到了美国演出,那些同样有中华文化传统的海外华人就觉得很不是滋味。这完全是价值观念差异所致,尊重弱者是绝大多数普通美国人的价值观,文艺作品绝不能拿残疾人找乐。同样,肤色、性别、年龄、长相、体态、职业、宗教等也都不能成为取乐的对象,在很多文化中,歧视可能构成严重的冒犯乃至犯罪,我们一定要对文化差异保持敏感。

中华文化是优秀的文化,积极向上,与人为善,充满温情,很多地方体现了人类的共同情感和关注,对解决人类面临的问题有重要的启示,中国方案首先就是世界可以接受的方案,中华文化就是中国方案的思想基础,就是中国智慧的源泉。如儒家思想对社会、人生的积极态度,对和平的尊重。如道家思想崇尚平衡个人欲望和道法自然,主张人类要节制欲望,不要无限度地向自然索取,要和自然和谐相处,这与当今的环保理念完全契合。我们就是要注意发现中华文化中那些与人类命运息息相关,体现人类共同价值的东西,并将其介绍给世界人民。

 思考

1. 为什么在文化传播时要注意寻找人类共同价值?
2. 具体谈谈中国智慧、中国方案和中国文化的关系。
3. 想想中国文化中有哪些东西体现了人类共同的价值。
4. 为什么说中华文化对解决人类面临的问题有重要的启示?

三、学习、了解别国文化优秀成果

　　文化交流从来都是双向的,是互相学习的,这也是跨文化交际的前提。我们要尊重并学习其他国家民族的文化。佛教的中国化过程就是一个中外文化交流的典型例子。佛教发源于古代印度,传入中国后跟儒家文化、道家文化逐步融合,才最终形成了这个中国特色的佛教,对中国人的语言、信仰、哲学、艺术、礼仪等都产生巨大影响。如果不说,我们根本不会察觉到我们汉语日常用语中大量的词语都来自翻译的佛经,如"现在、方便、胜利、利益、抖擞、自作自受、生老病死、愁眉苦脸、烦恼、差别、平等、世界"等,这些佛教词语丰富了汉语的表现力。同样,近代以来,汉语从日语借用了大量词语,如"银行、杂志、图书馆、心理学、宗教、哲学、派出所、摄影、革命"等。现在,汉语依然不断从日语中借用词语,如"素颜、卡拉OK、达人、刺身、人气"等,这些日语借词融入了汉语,成为汉语中不可缺少的一部分。

　　要敞开胸怀,吸取各国各民族思想文化中的精髓,丰富中华文化,让中华文化充满活力和时代精神。文明因交流而繁荣壮大,各种文化都有自己的特点和长处,都有值得学习的地方。近现代中国学习外国文化来丰富中国文化的例子就更多了,如小提琴协奏曲《梁山伯与祝英台》,钢琴协奏曲《黄河》等。还有,影视这个形式来自国外,奥林匹克的体育运动项目大都源于国外,但是中国人学习并掌握了这些文化的形式,丰富了中国的文化。"中国女排""中国乒乓球队"更是中国体育的杰出代表。除了这些文化体育的形式,铁路、电视、汽车等由国外发明创造的东西一经中国人掌握,也跻身世界前列。除此以外,国外优秀的思想和价值观也对中国人的精神有重要的影响。新文化运动的"德先生"和"赛先生",以及马克思主义,都是国外优秀思想对中国的影响。现在,开放的中国正以前所未有的广度和深度与世界交流。而在介绍自己的文化时,如果能用两种或多种文化的对比形式,就更能清楚展示中华文化的特点。

思考

1. 如果没有各民族、各文化的交流,我们的世界会怎样?
2. 考察我们自身的生活环境和生活方式,看看哪些是受到外来文化的影响。
3. 从对一件具体事物的态度和处理方式,看看我们的思想观念哪些受到外来文化的影响。
4. 我们的思想观念和现实生活中依然保留了哪些传统中国文化的影响?它们存在的方式如何?
5. 学习了解别国文化优秀成果对文化传播有什么作用?

四、要全面呈现中华文化

要全面呈现中华文化,不要把中华文化脸谱化、简单化。中华文化博大精深,包罗万象,思想深邃,内容丰富。很长一段时间,中国文化的推广内容多为"有趣""热闹""红火"的种类,如变脸、功夫、杂技类的"神功";饺子、拉面、茶艺类的"饮食文化";挂灯笼、剪窗花、编中国结类的民俗活动。"神功""饮食文化""民俗文化"是中华文化的一部分,当作文化的标签和符号,它们的存在是需要的,而且永远需要,因为文化的本质就是一整套的象征符号,什么时候都少不了这些符号。但我们也要知道,前面列的这些文化符号只是文化中显性可见的部分,是文化的一小部分,是"我们怎么做的"。如果把这些当成中华文化最重要的内容,实际上是矮化了中华文化。这些"标签类"的文化品种对于外国人的影响更多的是表层的直观感受,它们不能代表中国文化的博大精深。浅层次的文化展示"热闹",但很难真正打动人心。

文化中最重要的部分,也就是思想、观念、意识部分,虽然看不见摸不着,却是我们最应该注意的部分,是"我们怎么想的",这是最有价值的部分。"攻心为上",战争如此,文化推广更是如此。我们在文化传播中要更加注意把中华文化的价值观和思想观念介绍给世界人民,让中华文化的精神为更多的人所了解,所接受。

 思考

1. 为什么说要全面呈现中华文化?
2. 对我们以往的文化推广活动内容和形式进行分析,说说它们的意义、作用和影响。
3. 如何才能把中华文化的思想、观念、意识部分更好地介绍给世界人民?

 跨文化案例分析

1. 汉语教师志愿者小唐在西班牙一所公立小学教汉语,她对工作非常热情,也很认真,为了让孩子学好汉语想了很多办法。可是她发现孩子们似乎不太努力,最突出的问题就是很少人完成家庭作业。在家长会上,她向家长提出要督促孩子完成家庭作业,可是家长们却说不要给孩子布置家庭作业,孩子们回家后只要好好休息,好好玩就可以了,小唐很沮丧。请说说你的看法。

2. 中国某省政府税务代表团访问新加坡并与当地官员交流,由于新加坡官员都会说汉语,大家交流得很愉快。休息期间,新加坡官员夸赞微信是个好平台,他们有时也用。这时中国税务官员就拿出手机要和新加坡官员加微信。新加坡官员面面相觑,不知如何应对。请说说你的看法。

参考文献

1. 爱德华·霍尔(2010)《超越文化》,何道宽译,北京大学出版社,北京。
2. 布拉德福德·霍尔(2003)《跨越文化障碍:交流的挑战》,麻争旗等译,北京广播学院出版社,北京。
3. 布伦尼斯洛·马林诺夫斯基(2013)原始语言中的意义问题,赵肖为、黄涛译,《温州大学学报》(社会科学版)第2期。
4. 陈国明、安然(2010)《跨文化传播学关键术语解读》,中国社会科学出版社,北京。
5. 陈国明、余彤(2012)跨文化适应理论构建,《学术研究》,第1期。
6. 丹·兰迪斯、珍妮特·M.贝内特、米尔顿·J.贝内特(2009)《跨文化培训指南》,关世杰、何明智、陈征、巩向飞译,北京大学出版社,北京。
7. 胡文仲(1999)《跨文化交际学概论》,外语教学与研究出版社,北京。
8. 胡文仲(2004)《超越文化的屏障:胡文仲比较文化论集》(修订版),外语教学与研究出版社,北京。
9. 胡文仲(2005)论跨文化交际的实证研究,《外语教学与研究》,第5期。
10. 林大津(1999)美国跨文化交际研究的历史发展及其启示,《福建师范大学学报》,第2期。
11. 刘奇葆(2017)坚定文化自信 传承中华文脉,《党建》,第5期。
12. 彭世勇(2010)中国跨文化交际研究的现状与困境,《汕头大学学报》,第4期。
13. 孙进(2010)文化适应问题研究:西方的理论与模型,《北京师范大学学报》,第5期。

14. 王丽娟（2011）跨文化适应研究现状综述，《山东社会科学》，第4期。

15. 许力生（2006）《跨语言研究的跨文化视野》，上海外语教育出版社，上海。

16. 余丽华、付香平（2008）语言与文化的关系及其在交际中的作用，《江西社会科学》，第12期。

17. 张珣（2009）中国跨文化交际研究回顾，《牡丹江大学学报》，第5期。

18. 中共中央办公厅、国务院办公厅（2017）关于实施中华优秀传统文化传承发展工程的意见，新华社，1月25日。

19. 祖晓梅（2015）《跨文化交际》，外语教学与研究出版社，北京。

20. Edward T. Hall (1959) *The Silent Language*, Doubleday & Co., New York.

21. Fons Trompenaars & Charles Hampden-Turner (1997) *Riding the Waves of Culture*, The McGraw-Hill Companies, Inc, New York.

22. Geert Hofstede (1991/2010) *Cultures and Organizations: Software of the Mind*, The McGraw Hill Companies, Inc, New York.

23. Gert Jan Hofstede & Paul B. Pedersen & Geert Hofstede (2009) *Exploring Culture: Exercises, Stories and Synthetic Cultures*, Intercultural Press, Inc, Maine.

24. Larry A. Samovar & Richard E. Porter（2007）《跨文化交际读本》（第十版），上海外语教育出版社，上海。

25. Larry A. Samovar & Richard E. Porter（2004）《跨文化交流》（第六版），北京大学出版社，北京。

26. Peace Corps（1997）*Culture Matters: The Peace Corps Cross-Cultural Workbook*, Peace Corps Information Collection and Exchange, Washington DC.

27. Kenneth Cushner, Richard W. Brislin, Tomoko Yoshida (1997) *Improving Intercultural Interactions: Modules for Cross-Cultural Training Programs*, SAGE Publications, Addison

28. William B. Gudykunst（2007）《跨文化与不同文化之间的交际》，上海外语教育出版社，上海。